共感されるリーダーの声かけ

言い換え図鑑

吉田幸弘

ぱる出版

はじめに

「今の部下は打たれ弱く、叱ったらやめてしまうから、何も注意しない」

「何でもハラスメントと言われるから、極力異性の部下は避けている」

「褒めることが大切。とにかく何でも褒める」

これらは私が日々セミナーやコンサルティングの場面で耳にする言葉です。

同時によく出てくるのが「リーダーには大変な時代になった」「リーダーをやるのは損」というネガティブな言葉です。

一方で、涼しい顔でメンバーたちと談笑しながら、業績を残しているリーダーもいます。このようなリーダーは部下を褒めてばかりではなく、時に叱ってもいます。異性の部下にも普通に接し、言うべきことはしっかり言っています。

「昔は飲みニケーションもできたし、部下がリーダーに気を遣って、思うとおりにできた」

「厳しく叱責しても問題にならなかった」

このような「昔は良かった回顧」をしても、残念ながら昔に戻ることはありません。

それより「リーダーとしてのあり方」を変えて、令和時代のリーダーへのアップデートを目指していきましょう。

■リーダーの力量に差が生まれ始めた

ただ、リーダーが「やれ！」と指示命令して部下が動いていた時代とは違い、リーダーの力量に差があらわれ始めたのは確かです。

私は、指示命令で強引に部下を動かすマネジメントを「パワーマネジメント」と呼んでいます。このパワーマネジメント、リーダーにとって楽なようで、実は大変なのです。

権力で動かそうとすると、部下は言われたとおりの動きしかしなくなります。自分で動いて叱られたら困るからです。するとリーダーの能力がチームの限界になります。

その一方で、部下が主体的に動き、明るく業績のよいチームがあります。そんなチームのリーダーは、いつも笑っていたり、時には部下にツッコまれたりしています。

そんなリーダーになぜ部下はついていくのでしょうか。

それは、部下から共感されているからです。私自身、いくつかのチームを率いて気づきました。

そして、共感されるかどうかの大きなポイントが「適切な言葉」なのです。

「適切な言葉」を使うリーダーは部下を主役にし、補佐的な役割に徹します。すると、部下が主体的に動きます。リーダーにはないスキル・能力・アイデアを部下が持っているわけですから、当然チーム力はアップします。

私は日々「言葉は武器にも凶器にもなる」と言っています。武器になる言葉は部下を輝かせます。一方で、凶器になるような言葉は部下の力を弱めてしまいます。

■心理的安全性もハラスメントも言葉が原因で生まれる

今、話題の「心理的安全性」や「ハラスメント」についても、上手に言葉を使えるようになれば、全く気にすることではありません。どちらも言葉から起こる問題ですから。

1つ例を挙げたいと思います。
1、今日はいいプレゼンだったね
2、今日もいいプレゼンだったね
違うのはたった1文字。「は」と「も」だけです。でも、感じ方は大きく変わるのではないでしょうか。1は「いつもはダメだけど今日はたまたまできたんだね」、2は「いつもできているよね」とたいていの方が捉えると思います。

そんなちょっとした言葉の使い方の「コツ」、微差が大差を生むのです。

■よい言葉は資産になり、悪い言葉は負債になる

話は少し変わりますが、お金が貯まる人はどんどん資産が増えていき、借金体質の人はどんどん負債を抱えていきます。実は、リーダーと部下の関係もそれに似ています。部下を元気づける言葉を使えば、部下にとってその言葉は「資産」になっていきます。一方、部下を傷つける言葉を使えば、部下にとってその言葉は「負債」になります。せっかくなら部下にとって「資産」になる言葉を贈りたいですよね。

本書では、私が日々のセミナーやリーダーの方々とのコーチングで、部下がよい方向に動いたと聞いた言葉や、外部のコンサルタントとしてよかったと言ってもらった言葉から、70個ほどピックアップしてご紹介しています。

ここで少し私のことをお話しさせてください。

私は日々、リーダーや管理職の方々に、セミナーや講演、コンサルティングなどをしています。おかげさまで好評いただいており、累計の受講者数は3万人を超えています。

このような仕事をしているのだから、さぞ順調なキャリアを辿ってきたのだろうと思われがちですが、全く逆です。ハラスメントなどをしてしまい、降格人事に3回遭ったこともあります。また部下時代には、逆にハラスメントを受けたこともありました。

ですから今では、ちょっとした言葉が想像以上に影響を与えるということを認識し、日々リーダーが使うとよい言葉を集めています。

英語を学ぶ人は多いのに声かけを学んでいる人は少ない

日本人の多くは英語を学んでいます。それは、英語を学ぶことで、年収やポジションを上げることができるからでしょう。

でも実は、リーダーとしての声かけや伝え方を学ぶと、それ以上に年収やポジションを上げることができます。

ところが、実際にはそれを学んでいる人は少ないものです。もちろん言葉の力は読書を通して学べますが、リーダーとしての言葉の使い方を学んでいる人は少ないでしょう。

しかし、少ないからこそチャンスがあります。

令和の時代は、リモートワークなども生まれ、コミュニケーションも大きく変わらざるを得なくなりました。今まで以上に声かけを学ぶ必要が出てきたと言えるでしょう。

叱れないリーダーと叱られることを求めている部下

冒頭でも述べましたが、今は叱ってはいけないと思っているリーダーが増えています。その一方で、部下側からは「叱ってほしい」という声を多く耳にします。さらに、リーダーの考えとは裏腹に「叱ってもらえない職場では成長ができない」と考え、職場を去っていく部下も少なくありません。

褒めることに関しても同様です。昨今はとりあえず褒めておけばいいというリーダーも増えていますが、一方で褒められてばかりでいいのかと心配になる部下もいます。

また、ハラスメントに対して誤解している人もいます。

そのような食い違いを少しでもなくしたいと思い、このたび本書を執筆しました。

本書は7つの章に分かれ、項目ごとに見開き完結のページ構成になっています。

最初からお読みいただくのはもちろん、気になったところから読み始めていただいても問題のない構成になっています。

そして、言い換え例を挙げることで、読んですぐ実践できるような形式にしています。

それでは、さっそく始めていきましょう。

共感されるリーダーの声かけ　言い換え図鑑

目次

第1章 励ます・助言するときの声かけ

第2章 人間関係を良好にする伝え方・雑談術

第3章 仕事を頼むときの言い方

第4章 こんな反応だった、どうする？

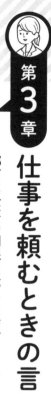

第5章 ポジティブなフィードバックの仕方

第6章 ネガティブなフィードバックの仕方

第7章 部下別の対応方法

ブックデザイン・DTP　土屋裕子（株式会社ウエイド）
イラスト　関和之（株式会社ウエイド）
編　集　岩川実加

第1章

励ます・助言するときの声かけ

リーダーにとって大事な仕事の1つが助言・励ましです。

しかし、この励ましは一歩間違えれば部下の信頼をなくしてしまいます。

特に多くやってしまうのが、起きた事実に対して軽く考えてしまうことです。

リーダーからすると「そこまで考え込まなくてもいいのに」「大したことないのに」と思っていても、部下からすると重たい

ことであるケースは少なくないのです。

ですから、励ます場合は、簡単に片づけるのではなく、部下の気持ちに寄り添う必要があります。リーダーからすれば、営業のコンペでのたった1つの負けも、部下が20時間かけて準備していたら大きなものです。それだけ部下が力を注いで取り組んだという意味でもあります。リーダーと部下とでは視座が異なりますから、自然と1つ1つのことに対する思いも違います。

本章では、そのような部下を励ますときの声かけについて、気遣ったつもりが、かえって相手を怒らせてしまったという事例も含めてご紹介します。

また助言に関しても、間違った言い方をすると、このリーダーには相談しても仕方がないなどと思われる可能性もあります。一気に信頼を失うこともあるでしょう。

そんな危険な失敗事例を挙げながら、どんな助言をすればよかったのかについて、言及していきます。

1 セクショナリズムや蹴落とし合いをなくすために

モヤッとされる声かけ ×

C君は頑張っているよ

共感される声かけ ○

以前より新規顧客の獲得件数が増えてきたね

誰かと比較するのではなく、
本人の過去と比較する

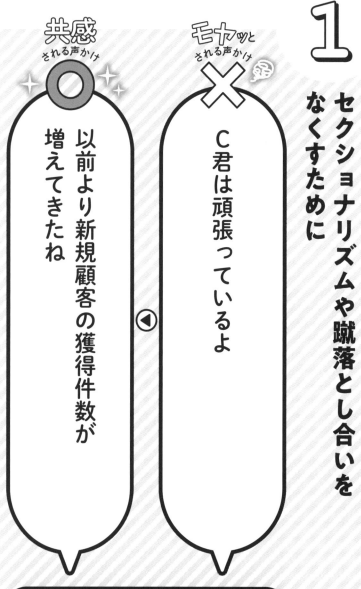

同期はお互いにいいライバルで切磋琢磨できる存在です。刺激にもなります。

しかし、**誰かを比較対象にするのは褒める場合も叱る場合もよくありません**。

「C君に勝ったね」などと褒められても、そのときは多少嬉しいと思いますが、油断につながりがちです。逆に「C君は頑張っているよ」と反骨心を煽るのもよくありません。

確かに、昭和生まれのリーダーはプレイヤーの頃、比較をされてきた方が多いでしょう。でも今はあまり比較されてこなかった世代。

また、個人同士の比較ばかりしていると「自分さえよければいい」というセクショナリズムに陥る部下が出てくる可能性もあります。

以前、私がコンサルティングをした会社で、インセンティブを相対評価から絶対評価に変えてもらったことがあります。売上3位以内の人を表彰するのではなく、500万以上の人に変えたのです。支払う総額は上がりましたが、蹴落とし合いなどがなくなり、情報共有が進みました。結果、会社としての売上も大きく伸ばすことになりました。

よって**誰かと比較するのではなく、本人の過去と比較しましょう**。過去と比べてどの点が成長しているかを伝えましょう。成長しているポイントを指摘されると、部下も「このリーダーはよく見てくれてるな」と信頼します。

この後に改善点を伝える場合でも、真摯に受け止めてくれるでしょう。

2

いつも仕事に追われてバタバタしている部下へ

モヤッとされる声かけ ×

もっとゆとりを持って仕事を進めたほうがいい

共感される声かけ ○

空白時間を必ず作っておくといいよ

解決策を抽象的ではなく、具体的に伝える

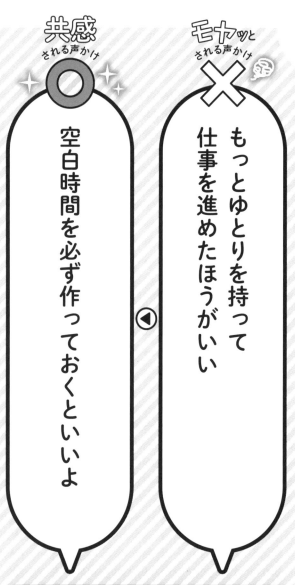

仕事が次から次へと入ってくる。部下のCさんはいつもバタバタ忙しくしているので、仕事が遅れがちでミスも多い。リーダーAさんは、そんなCさんに何かアドバイスをしたいと思い、こう言いました。「もっとゆとりを持って仕事を進めたほうがいい」。

しかし、Cさんは一向に変わる様子がありません。Aさんはしびれを切らし「『ゆとりを持って仕事を進めたほうがいい』といつも言ってるじゃないか」とつい大声で叱責してしまいました。それに対し、「すみません」としか言わないCさん。気まずい雰囲気が流れてしまいました。

そんなAさん、どうすればよかったのでしょうか。

この場合、**「空白時間を必ず作っておくといいよ」「1日1時間自分とのアポイントを作っておくといいよ」と具体的に伝えます。**

何度注意しても部下が変わってくれないのは、**抽象的な言い方になっていて、具体的にどう動いたらいいかがわからない場合もあります。**

リーダーは部下よりも経験を多く積んでいることがほとんどです。その言い方で動けるかどうか検証してみましょう。

「具体的に言うなんて。自分で考えろよ」と言いたいリーダーの気持ちはわかります。でも何度言っても動けていないのですから、具体的なヒントを伝えるしかないでしょう。

3

営業同行で部下の交渉を見た後に

モヤッとされる声かけ

✕

だいぶまともに
対応できるようになったね

共感される声かけ

〇

安心して見られるようになったよ

改善が見られた場合、
合格点だと伝わる言い方で褒める

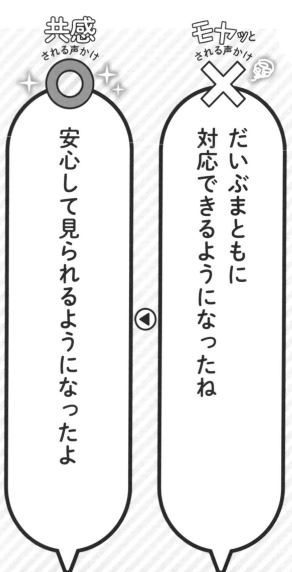

先月営業同行をした際、部下のCさんはお客さまからの質問に対して、上手く回答できていませんでした。商品知識が乏しい、相手が買い渋った際に「それはですね」「でも」と否定ワードを使う、お客さまの話を遮ってしまうという3つの問題点がありました。しかしその後、Cさんの商品知識は大幅にアップ。商談でもお客さまの話を受け止めるようになっていました。大幅な改善です。

リーダーAさんは変化を褒めようと、帰り道で「だいぶまともに対応できるようになったね」と伝えました。ところがCさんは「はい。すみません」と言ってきます。「すみません」という反応に対し、リーダーは「あれ、なぜ『すみません』なのだろう」と不思議に思います。リーダーは「『すみません』って。褒めてるんだよ」と返すものの、しっくりきません。

どの点が問題だったのでしょうか。

「だいぶまともに」という言い方だと、**「前が相当ひどかった。今回はそれよりはよくなったものの、合格レベルではなかった」と暗に示しています**。部下は「まだ合格レベルには遠いんだな」と思ったわけです。

この場合は、「安心して見られるようになったよ」と相手を認め、**合格点だと伝わる言い方にすればよかった**のです。

4

疲れた表情をしている部下へ

モヤッとされる声かけ ✕

疲れてる？

共感される声かけ ◯

何か私が知っておいたほうがいいことってある？

相談しやすいよう、深い詮索はせずに
声かけだけしておく

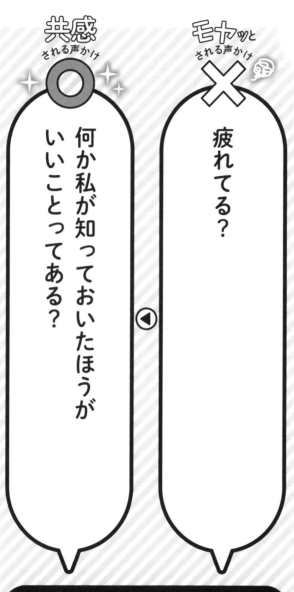

リーダーAさんは疲れた表情をしているIさんのことが気になっていました。そこで、Iさんを気遣うつもりで「疲れてる?」と声かけします。

Iさんからの返事は「はい。でも大丈夫です」でした。

部下に「疲れている?」と聞いても、よほど気を許していない限りは「大丈夫です」としか言ってこないでしょう。

部下に声かけした後も、疲れた表情が気になるAさん、どんな声かけをすればよかったのでしょうか。

実はIさんはお父様の介護のために、毎週末に盛岡まで帰っていました。また、ケアセンターから連絡が入ることもあったようです。

今は核家族化・高齢化が進み、介護や子育てと仕事を両立している方が多くなりました。他にも自分自身が何か病気を抱えているといったケースもあります。当然このような込み入った話は、リーダーも触れない方がいいと言えます。

しかし、業務上知っておいたほうがいいこともありますし、部下としては伝えておきたいと思っているかもしれません。ですから、「何か私が知っておいたほうがいいことってある?」「何か困っていれば相談に乗るよ」とあまり**深い詮索はせずに声かけだけしておきましょう。**

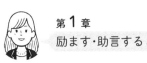

5 自分が反対した案を実行して失敗した部下へ

モヤッとされる声かけ ×

だからやめておけと言ったんだよ

共感される声かけ ○

よく頑張ったな。
今回やってみて得られたことは？

仮に無謀な挑戦であっても、
挑戦したことをねぎらう

ある企画に対し、スポンサー集めを会議で提案して可決され、実行したCさん。残念ながら目標金額は大幅に未達で終了しました。

実はこの企画、リーダーのAさんは反対でした。しかし、役員のBさんが絶賛したため、採用されたのです。

Cさんはこの企画に賭けていたので、通常の営業活動の量が少し落ちていました。このことをよく思っていなかったAさんは「だからやめておけと言ったんだ。俺はこうなると思ったよ。営業の売上も伸び悩んでいるし」と、Cさんが落ち込んでいるところをさらに責めます。

「すみません」としか言わないCさん。その日以来、2人はぎくしゃくが続いています。

このケースではAさんはどのように声をかけたらよかったのでしょうか。

仮に無謀な挑戦であっても、挑戦によって何かを得られるはずです。**「よく頑張ったな。今回やってみて得られたことは？」と声かけすべき**です。

似た例として、会議で意見が対立し、自分が反対した案が採用される場合があります。このとき、「俺は反対だった」というのは絶対によくありません。それでは会議をした意味自体がなくなってしまいます。**案を進めることになったら、仮に反対であった場合でも実現に協力する**ことです。

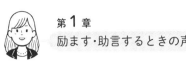

6 コンペで負けて落ち込んでいる部下へ

モヤッとされる声かけ ×

終わったことは仕方ない。
もう切り替えていこう

共感される声かけ ○

落ち込む気持ちはわかるよ。
次にどう生かすかが大事だよ

まずは落ち込む気持ちに共感し、次への行動を促す

大口顧客になる可能性のある会社でのコンペ。

残念ながら受注に至りませんでした。

他社に決まったという報告を受けた翌日も、どことなく元気のないCさんに対して、リーダーAさんは「終わったことは仕方ない。もう切り替えていこう」と声かけします。

一見元気づけていて良さそうに思える言葉ですが、このような場面では、あまりいい声かけとはいえません。

実際にその仕事に関わっていないリーダーの立場からすれば、簡単に考えられるかもしれませんが、**何十時間もかけて資料を作成し、プレゼンの準備をした部下からすると、そう簡単には割り切れない**ものです。

「切り替えろ」という言葉に対して、リーダーは軽く考えすぎだと、むしろ信頼を失うかもしれません。

この場合は、**まずは落ち込む気持ちに共感します。そのうえで、次に向けて行動していこうと声かけするようにしましょう。**

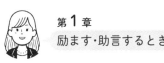

7

ミスをして取引先を怒らせてしまった部下へ

モヤッとされる声かけ ✕

お客さまは大丈夫か

共感される声かけ ◯

大変だったな。まずはコーヒーでも飲もうか

部下がいてのリーダーとの意識を忘れず、まずは部下を気遣う

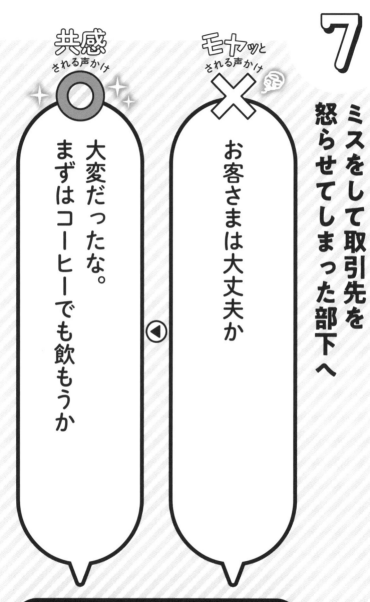

「言った言わない」の問題で取引先を怒らせてしまい、謝罪に伺った部下のCさんが会社に帰ってきました。この取引先は部署内でも上位の大口顧客です。リーダーも一緒に謝罪に行こうかと思ったのですが、あいにくその日は出張の最終日で、会社に戻るのは17時。部下がお客さまから「すぐに来い」と言われた時間には間に合いません。

その後、リーダーのほうが早く会社に戻り、クレームを起こした部下の帰りを待つことになりました。

実は、これは私が体験したことであり、研修での事例問題として使っているものです。こんなとき、**お客さまと部下のどちらを心配するかというのが一番のポイント**です。

ここで部下の信頼をなくすリーダーの言葉が「お客さまは大丈夫か」です。確かに重要な大口顧客ですし、お客さまが心配なのはわかります。

しかし、ここではまずは部下を気遣うことです。実際、私は「大変だったな。まずはコーヒーでも飲もうか」と当時の上司に言ってもらいました。

確かに**お客さまは大事ですが、部下がいてのリーダー**です。

実はこの意識は非常に重要です。今回のミスは部下に要因の発端がありますが、時に相手が悪質なクレーマーの場合もあります。そんなとき、部下を守るのがリーダーの役目です。信頼されるリーダーは、いざという時に部下を優先しています。

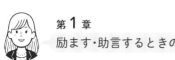

8

頑張っている部下に有休を取らせたい場合

モヤッとされる声かけ ×

Cさんもたまには休んだら？
有休余っているでしょ

共感される声かけ ○

私は来週有休取るけど、
Cさんもどう？

リーダー自身や他のメンバーも休み、
罪悪感をなくす

実績も仕事への取り組み姿勢も申し分のないCさん。有休が多く残っています。

今、社内では有休を消化するようにとの指令が出ていますが、正直なところCさんの部署ではあまり消化できていない状態です。

なかでもCさんはここ1年で1日しかとっていません。確かにCさんはお客さまを多く抱えていますし、「Cさんだからお願いしている」と言われることも多いようです。

頑張るのはいいことですが、このままだとCさんの体調面も含めて心配です。

先日、リーダーAさんは「Cさんもたまには休んだら？ 有休余っているでしょ」と声かけをしました。しかし、「ちょっと今は休める状態ではないです」との回答でした。提案を断られてしまったのです。

そこで、今度は次のように伝えました。

「私は来週有休取るけど、Cさんもどう？ Eさんも休みを取るみたいだし、交代で休み取ろうか」。

他の人も取るならと、Cさんも承諾してくれました。Cさんのような責任感の強いメンバーは、自分だけ休みを取っていいのだろうかと考えるケースは少なくありません。

このように**リーダー自身や他のメンバーも休みを取っていれば、罪悪感も感じずに済む**でしょう。

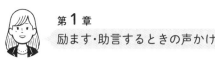

9

ミスで落ち込む部下に対して自己開示する場合

モヤッとされる声かけ ×

私もこんな失敗よくしたよ

共感される声かけ ○

私も数多くの失敗をして、その後に活かしたよ

「失敗経験＋失敗を克服した経験」で相談しやすくする

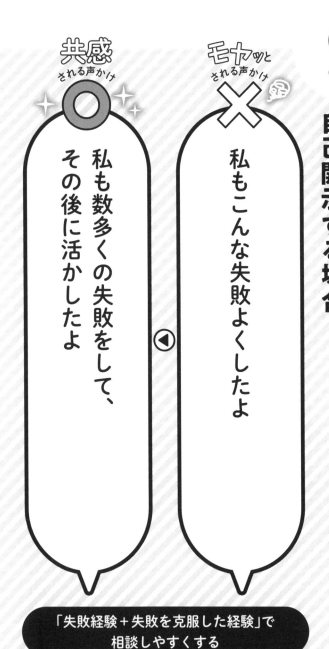

請求書の金額を間違えて送ってしまった部下のCさん。許してはもらえたものの、取引先からメールでかなりの叱責を受けました。謝罪の訪問も電話もリモートが多いからと断られてしまいます。

ミスなどを起こすのはよくないことですが、コロナ禍の前は、実際に相手の表情を見ながら謝罪することができました。しかし、**相手の表情がわからなくなった今、クレームに対して落ち込みを引きずる人が増えてきています**。

そんなCさんに対して、「私もこんな失敗よくしたよ」と声かけしたリーダーAさん。

この言い方は悪くはないのですが、できればもう一工夫あるといいでしょう。

ここでは**「失敗経験＋失敗を克服した経験」を伝えましょう**。

実はこの「失敗を克服した経験」を伝えると、部下からの相談が増えてきます。リーダーに相談してみれば何かヒントを得られるかもしれないと、部下が思うようになるからです。

部下からの報連相がないというのは、リーダーの悩みの上位に常時ランクインするものですが、要因として「心理的安全性が守られていないから」という点に加え、「相談しても何も動きがないから」という意見があります。

相談すれば知恵を出せるよと示すためにも、克服体験の自己開示をしておきましょう。

10

部下がハラスメントの相談に来た場合

モヤッとされる声かけ ×

主任も悪気はないから
気にしすぎだよ

共感される声かけ ○

そうか
それは辛いよな

セカンド・ハラスメントに留意し、
まずは否定せずに聴く

課長Aさんのもとに部下のCさんが相談に来ました。どうやら主任であるBさんや先輩社員Dさんから嫌がらせを受けているようです。2人とも突っ込みが鋭いので、いじられているだけかと思い、「主任も悪気はないから」と伝えます。それでも「辛いんですよ」と言うCさんに対して、「気にしすぎだよ」と話を終わらせてしまったAさん。

その後Cさんがちょくちょく休むようになり、Aさんは人事から「セカンド・ハラスメントに抵触していますよ」と注意を受けます。「自分は怒鳴り声をあげたこともないし、かつ人格否定につながるような嫌味を言ったこともない。何だろう、セカンド・ハラスメントって」と考え込み、自分の上司である部長に相談します。

セカンド・ハラスメントとは、パワハラの被害者から相談を受けた際に、相談者が悪いのだと責めたりする二次的なハラスメントをいいます。被害者に対し、さらに嫌がらせを行ったり、被害をもみ消したりすることもまた、ハラスメントに該当するのです。何とAさんは、気づかないうちにCさんにハラスメントをしていたのです。

ここでは**Aさんは、「そうか」「それは辛いよな」とCさんの発言を受け止め、上司である部長や人事部などしかるべき部門と連携を取るべきだった**のです。

人それぞれ感じ方は違うものです。「俺からすると大したことではない」と思うことでもまずは否定せず、聴くようにすることです。

11

部下からの提案を上層部に上げたが通らなかった場合

モヤッとされる声かけ ×

役員会で結構厳しい反応だったよ

共感される声かけ ○

俺はいいと思ったんだけど、深掘りできていなかった。改善策を一緒に考えよう

リーダー自身の言葉で語り、改善につなげる

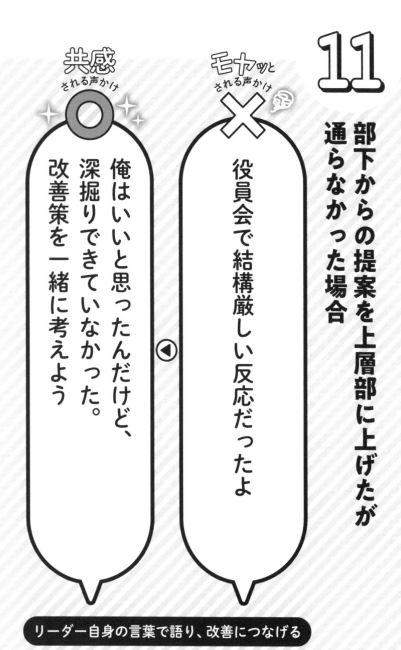

リーダーAさんは部下Cさんからの稟議書を経営会議で提出したものの、採用に至りませんでした。「これだけの利益が望めるとは思えない」「同ジャンルのサービスに対しての差別化がない」などかなり厳しく糾弾されました。

あまりにも辛かったリーダーAさんは「役員会で結構厳しい反応だったよ」と伝えます。根拠が甘いということを部下にもわかって欲しかったのです。しかし、このフィードバックはよくありません。私なら0点です。

なぜなら、**改善策がわからないから**です。

また「厳しい反応だった」といった役員会の様子を伝える必要はありません。もちろん事実をフィードバックすることは大切です。しかし、**改善につながらない話はノイズ**です。伝えたところでただ部下の不安を増長するだけです。

リーダーは上層部からの意見の翻訳者であるべきですが、時に不要なことはフィルターからはじくことも仕事です。**落ち込ませるのではなく、改善につなげることがリーダーの役割**です。

「俺はいいと思ったんだけど、深掘りできていなかった。差別化とプロモーションの方法が問題だという意見が出た。改善策を一緒に考えよう」とリーダー自身の言葉で、今後どう改善していくのがいいかを伝えましょう。

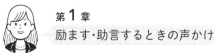

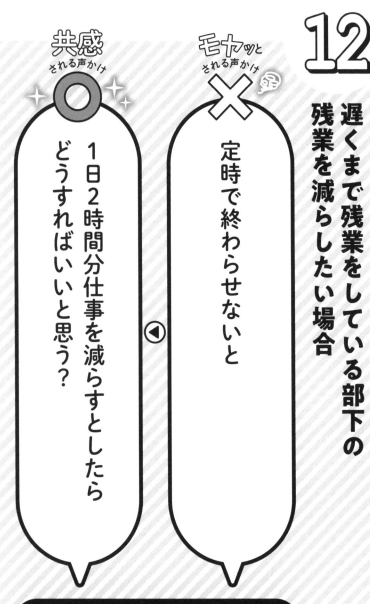

12 遅くまで残業をしている部下の残業を減らしたい場合

モヤッとされる声かけ ×

定時で終わらせないと

◀

共感される声かけ ○

1日2時間分仕事を減らすとしたらどうすればいいと思う？

改善のヒントを伝え、やめる仕事を決めて仕事を減らす働き方改革により生産性アップが意識され、残業することは減ってきています。しかし、ＡさんのチームのＣさんは相変わらず遅くまで残って仕事をしています。

Ａさんは「定時で終わらせないと」「残業はやめないと」と言っていますが、一向に変わりません。これでは変わらないのも仕方ないでしょう。**改善方法がわからなければ解決には至りません。リーダーはＣさんに改善のヒントを伝える必要があります。**「１日２時間分仕事を減らすとしたらどうすればいいと思う？」と聞いてみましょう。

パーキンソンの法則といって、「仕事の量は、完成のために与えられた時間をすべて満たすまで膨張する」と言われています。もしかするとＣさんは残業ありきで仕事をしているのかもしれません。あるいは、仮に定時までの時間で考えているにしても、自分がもっと早く仕事を終わらせられるはずと過信しているか、目いっぱい仕事を詰めこんでしまっていて予備の時間を用意していないのかもしれません。急に入ってくる仕事ややり直し、初めてする仕事で思う以上に時間がかかってしまう場合もあるでしょう。

ですから、**１日の仕事量を２時間少ない時間でこなせないかを考えてもらいます**。そのためにはやめる仕事をつくるしかありません。

ここで大事なのは「やめる」ことです。仕事は常に増えていきます。意識的に減らさないと増え続けていくばかりです。**仕事は１つ増えたら１つ減らしましょう。**

第2章

人間関係を良好にする伝え方・雑談術

信頼関係を構築するには時間がかかりますが、失うのは一瞬。

言葉は時に凶器になります。

信頼関係を構築するには部下のことをよく知る必要があります。

そこで必要なのが雑談です。雑談は簡単に思えるものの、意外と難しいという声は多いです。特にリモートワークなどでは、良かれと思って言ったことがハラスメントの問題に抵触すること

も。ハラスメントを気にして何を話したらいいかわからないという声も多く耳にします。

だからといって部下に質問をしていく方法も、質問の仕方が悪いと一方通行の会話になりがち。そんな意外と難しい雑談の方法を解説しているのが本章です。

また、他にも謝罪や感謝の気持ちを伝えることの大切さにも触れています。

これができると、部下からの信頼はダントツに上がります。リーダーだから謝らなくていい、やって当然、という考えは正しくありません。

そもそもリーダーと部下の間に上下関係はありません。役割が違うだけで対等です。一言声に出して伝えることで、測り知れないほどの効果をもたらしてくれます。

さらには感謝の気持ちも、ただ伝えるだけでは上辺のものに感じてしまうかもしれません。本章では一歩踏み込んだ伝え方を挙げています。

1

部下が見つけてきた新しい取引先がイマイチだった場合

モヤッとされる声かけ ×

みんなが文句言ってたよ

共感される声かけ ○

前に頼んでいたところのほうがいいって意見が一部で出ているね

ネガティブなフィードバックは主語を大きくしない

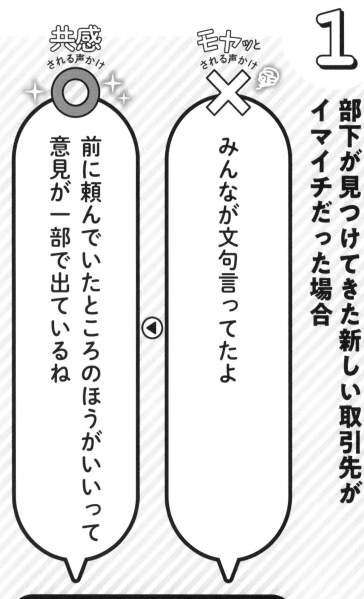

今まで、営業用のプレゼンで使うスライド資料を外注先に作成してもらっていました。

しかし、納期に3日かかる点、コストが高い点がネックになっていました。

そんな折、営業メンバーCさんが同じサービスを提供している会社を見つけてきました。納期が1日でさらにサービス価格も現行の取引先より15%近く安い。これだということで提案してきたので、リーダーは試しに1ヶ月使ってみることに。

しかし、どうも周囲の評判はイマイチ。デザインも前のほうが見やすいと一部の営業マンから指摘がありました。指摘してきた営業マンは声が大きいベテラン社員Bさんと業績を上げているEさん。

実際、リーダーも出来上がり具合を見たとき、同じ意見を持っていました。そこで、やはり「前に戻したほうがいい」と判断。そんな折、指摘してきたメンバー2人の存在が大きいため、「みんなが前の会社のほうがよかったって言ってたよ」と伝えてしまいます。

Cさんは「そうでしたか」と少し青い顔になってしまいます。

この場合、どう伝えればよかったのでしょうか。

このように**ネガティブなフィードバックをするケースでは、「みんな」と主語を大きくしないこと**です。「前に頼んでいたところのほうがいいって意見が一部で出ているね」というように、**「一部で」と伝えるようにしましょう。**

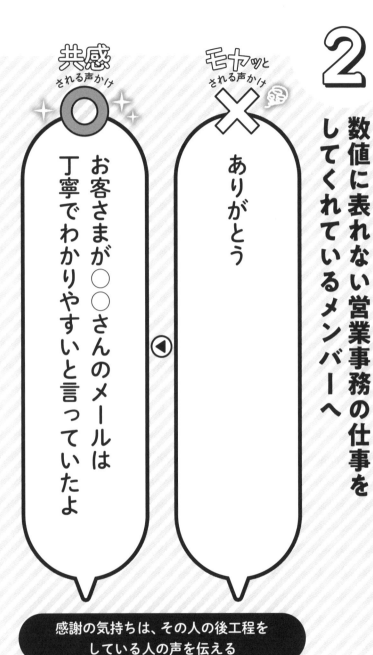

2 数値に表れない営業事務の仕事をしてくれているメンバーへ

モヤッとされる声かけ ×

ありがとう

共感される声かけ ○

お客さまが○○さんのメールは丁寧でわかりやすいと言っていたよ

感謝の気持ちは、その人の後工程をしている人の声を伝えるリーダーAさんは、営業事務でお客さまとメールのやり取りをしてくれたり、見積書の作成をしてくれたりするCさんに対して、やってくれて当たり前と思っていました。しかし、**仕事において「当たり前」はありません**。

特に営業マンや販売員の方などとは違い、数字で結果が出てこない業務を担当している人には「やってくれて当たり前」と思ってしまいがち。**「当たり前」ではなく、「やってくれてありがとう」と感謝の気持を伝えたいもの**です。

ここで「ありがとう」が×になっていますが、もちろん感謝の気持ちを述べるのはいいことです。しかし、ここではもう一歩先のことを伝えましょう。具体的には、**その仕事をした先のお客さまの声などを伝えます**。

「お客さまが○○さんのメールは丁寧でわかりやすいと言っていたよ」と伝えれば、Cさんも、役立っているのだなと思うでしょう。

たとえば、出張帰りにお土産を取引先の会社に渡したとしましょう。そんなときのお礼のメールは、単に「ありがとうございました」というものより、「先ほどはありがとうございました。いただいた八つ橋ですが、争奪戦が激しく5分でなくなってしまいました」という文面のほうが嬉しいのではないでしょうか。

その人の仕事の後工程をしている人の声を伝えると、いいでしょう。

3 リモート会議で雑談をする場合

モヤッとされる声かけ ×

そのバーチャル背景オシャレだね

共感される声かけ ○

今日もコーヒー3杯目だよ

話題をリーダーである自分主体のものにして自己開示する

会話は相手を主体にしたもののほうが話がはずみます。雑談も同様でしょう。しかし、**リモートになると話は少し別**です。

リモート会議での雑談となると、特にコロナ禍の初めの頃は、良かれと思って背景に映る部屋の様子を話題にする人もいました。

しかし、リモートが浸透し、あまりプライベートに触れるのはハラスメントに抵触するといった話も出て、さらにはバーチャル背景などにする人も出てきました。

それにより、逆に雑談のネタがなくなってきたなんて話も出ています。そんな中よく話題にしがちなのが「バーチャル背景」についてです。

確かに無難ではありますが、顔を合わすことの多い社内のメンバーに対しては、話題として成立しません。そこで、**話題をリーダーである自分主体のものにする**のです。

「今日もコーヒー3杯目だよ」「ついメジャーリーグの大谷さんの試合見ちゃったよ」。

リモートは相手の顔が見えないため、人はサボるものと考える「性悪説」に陥りやすいものです。しかし「性悪説」だとリーダーはストレスが溜まります。そこで**人は弱いものだと捉える「性弱説」で考える**のです。

そのためには、部下が本当の状況を自己開示しやすくする必要があります。**だからまずはリーダー自身が自己開示をする必要がある**のです。

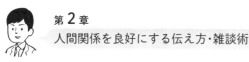

4

長引くミーティングをどうにかしたい場合

モヤッとされる声かけ ×

水曜日の14時からにしよう

共感される声かけ ○

水曜日の14時5分から14時55分までにしよう

会議は中途半端な開始時間にし、議題と終了時間も決める

リーダーAさんのチームミーティングには、いつも遅れて参加するメンバーがいました。そのうえ終わりの時間も定まっていませんでした。

そんなAさんから私は、長引くミーティングをできるだけ短縮したいとの相談を受けました。

聞くとどうやらAさんは、ミーティングの開始時間について、「水曜日の14時からにしよう」という伝え方をしているようです。

そこで私は、**会議の開始時間を「14時5分」などのように、中途半端な時間にする**ように伝えました。人は中途半端な時間のほうが守ろうとするからです。

そのうえで、**議題も定めて、さらには終わりの時間も決めます**。

会議は終了時間も決めないとエンドレスになってしまうからです。

結果、遅刻する人もいなくなり、時間をオーバーすることもなくなりました。さらに、限られた時間の中で終了する必要があるので、発表も事前に準備してくるようになりました。

5

休み明けの月曜日に駅で部下と会った場合

モヤッとされる声かけ ✕

休みどうしてた？

共感される声かけ ○

休みどう過ごしてた？
俺はテニス三昧だったけど

**オープンクエスチョンには
リーダー自身の自己開示を加える**

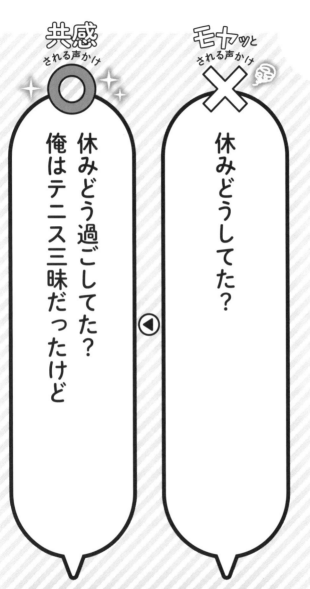

休み明けの月曜日、リーダーAさんは部下Cさんと駅で一緒になります。「おはよう。休みどうしてた?」と声かけします。

軽い感じで聞いたのですが、意外にもCさんは答えづらそうでした。

何が問題だったのでしょうか。

実は**いきなりオープンクエスチョンで質問されると答えづらい**のです。

オープンクエスチョンとは、「はい」「いいえ」以外で答える質問です。たとえば、「昨晩、何を食べた?」「最近、読んだ本は何?」といった質問です。

一方、クローズドクエスチョンとは、「はい」か「いいえ」、あるいは二者択一で選んでもらう質問です。「昨日のWBCの試合見た?」「今度のチームの打ち上げランチ会、イタリアンと中華のどちらがいいかな?」といった質問が該当します。

クローズドクエスチョンが答えを限定しているので、時に詰問ととられる可能性があるのに対し、オープンクエスチョンは自由に回答ができるので、相手のことを知るのにいいものです。しかし、**部下の立場からすると回答範囲が広すぎるので答えづらい**という特徴があります。どの程度の話をすればいいのか迷ってしまうのです。

ですから、「休みどう過ごしてた? 俺はテニス三昧だったけど」と**リーダー自身が自己開示して聞くのがいい**のです。

6

いちいち聞かないと進められない部下へ

モヤッとされる声かけ ×

相談は一度にまとめてにしてもらえるかな？

共感される声かけ ○

間違っていても怒らないからここまで進めてみて

決めた箇所や時間までは
自分で進めるよう働きかける

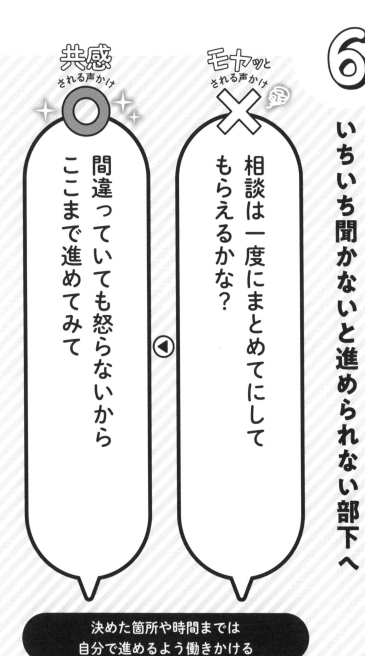

部下のCさんは慎重で過度に失敗を恐れ、指示待ちの傾向があります。自分で考えて失敗して叱責を受けたりしたくないタイプです。

自分で勝手に進めて「評価を下げられないか」と気にしているようです。

このタイプの部下に「自分で考えろよ」「相談は一度にまとめてにしてもらえるかな」と言うと、仕事がその場で止まってしまう可能性があります。

今は新入社員のCさんも、今後は後輩が入ってきますし、**年次が経つにつれて判断力をつけないと厳しい状態になっていきます**。

「仕事は失敗することが大事。失敗は成長ともいう」と伝えたところで、失敗するのは嫌でしょう。

また、**何度も相談に来るということは、リーダーの仕事が何度も止まること**になります。

仕事には、事務対応のようなスキマ時間でできるものと、企画書作成や次年度の計画立案などクリエイティブでまとまった時間を要するものがあります。

リーダーは特に後者の仕事が多いものです。せっかく考えていたときに声かけされ、アイデアが飛んでしまうことも。

そうならないためにも、「間違っていても怒らないからここまで進めてみて。自分で進めることは力になるし。15時に確認すればいいから」と伝えましょう。

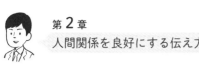

7 部下が相談なく勝手に仕事を進めて問題になった場合

共感 される声かけ ○

相談しづらかったかな

モヤッと される声かけ ×

聞いていないけど

相談しやすい雰囲気をつくるため、
思っている以上に意識する

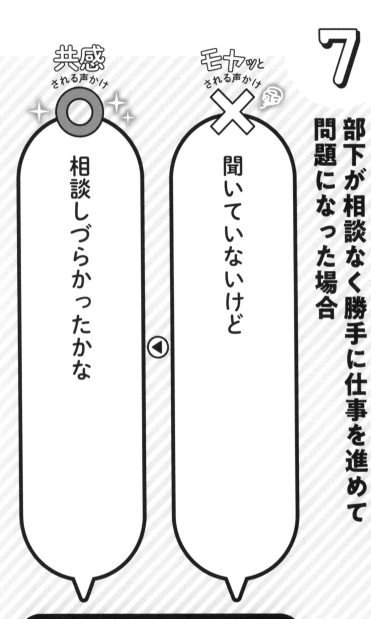

営業成績が低迷している部下Cさんは、リーダーのAさんに相談せず、業務部の若手メンバーに強引に特別対応をさせていました。それにより、業務部のマネジャーからAさんの元にクレームが入ります。

どうしてもお客さまを獲得したかったのはわかります。ただ他部署に迷惑をかけるのはよくありません。実はこのような事が起こるのは2度目でした。

「オレ、聞いていないけど。どういうこと？」とAさんに言うものの「すみません」としか返ってきません。1度目も同じようなやり取りに終わってしまったAさんは、どう伝えればいいか、研修のときに私のところに相談に来ました。

このケースでは「相談しづらかったかな。相談しやすくするためには何かできることはないかな」といった言葉かけをすればよかったのです。

リーダーAさんはソフトな雰囲気で威圧感をあまり出しておらず、自分は相談しやすいタイプだと思っていました。そのため、Cさんが相談に来ないことがショックだったようです。

実はこのようなケースはよくあることです。リーダーからすると自分は親しみやすい存在だと思っていても、部下からすると上司には多少なりとも圧を感じています。

ですから、**相談しやすい雰囲気は、思っている以上に意識する必要がある**のです。

8

謝罪できるリーダーvs謝らないリーダー

モヤッとされる声かけ ×

まあ、1日しか違わないし、頼むぞ

共感される声かけ ○

間違っていて申し訳ない

自分が間違った場合、
相手が部下であっても認めて謝る

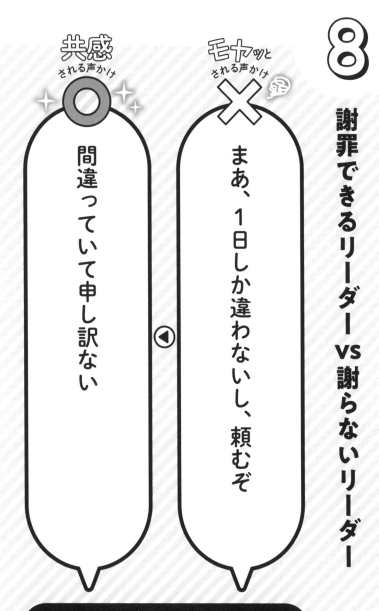

リーダーAさんは部下に頼んだ資料の作成期限が今日までだと思っていました。しかし、部下に確認したところ、明日までなのでまだ作成中だと言います。確かにメールを確認したら、明日になっています。2週間前にメールで送ったきりだった点も問題ですが、Aさんは「まあ、1日しか違わないし、頼むぞ」と言ったきりデスクに戻っていきました。

このリーダーの行動に対し、部下のCさんはイライラしていました。ちょうど来週のコンペの企画書作成中で、いい案が浮かびかけていたところだったからです。

実はAさん、他の部下たちからも信頼されていませんでした。自分が間違っていても謝らず、場を適当に濁してしまうことが多かったからです。たとえば、年度の予算。チームで設定したものに対し、役員会議で上方修正を余儀なくされた場合も、「まあ、役員会が言うから仕方ない。仕事なんだからやるしかない」としか言いません。

前のリーダーBさんは、自分に誤りがあれば「間違っていて申し訳ない」と言うし、予算が上方修正されたときも「○○部の新規投資の部分も俺たちがカバーしなくてはならない。予算が変わって申し訳ない」と謝りました。だからこそ、「いや、リーダー頑張りましょう」と皆が一丸となって頑張ることができました。

リーダーだって人間。間違うこともあるでしょう。**大事なのは間違った場合、認めて謝ることができるかどうかです。謝ることができるリーダーは信頼されます。**

9
年上部下に知識を提供してもらった感謝を伝える場合

モヤッとされる声かけ ✕

年の功ですね

共感される声かけ ○

経験からくる幅の広さと知識の深さを感じます

盛り上げたいなら誰かをいじるのではなく
自分を話題にする

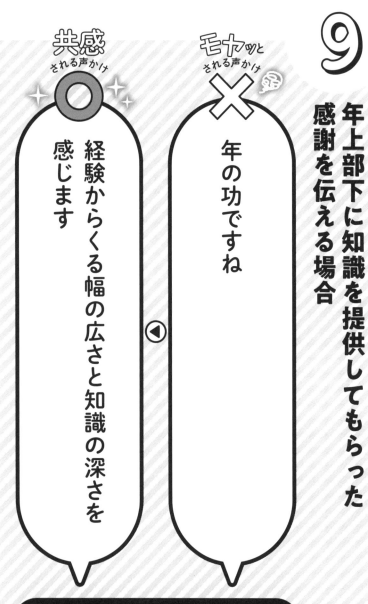

リーダーAさんは、シニア部下のCさんに問題解決のヒントをもらいました。長年の経験から知恵を編み出すCさんに感謝の言葉をかける際、冗談で「年の功ですね」と伝えました。真面目なCさん、表情が少しむすっとしています。

この言葉を発したAさんとしては、親しみを込めたつもりだったのでしょう。しかしCさんとしては、バカにされたと感じたのかもしれません。

これと似ているのが、部下や他の同僚などをいじりの対象とするケースです。

いじられるのが嬉しい人も中にはいますが、仕方がなく笑っていても**実はいじられるのがすごく嫌な人もいます**。

リーダーは盛り上げているつもりでも、相手からするとハラスメントに感じているかもしれません。**仮にチームを盛り上げるなら、リーダーは誰かをいじるのではなく、自分を話題にすること**です。

「いや、昨日も夜のラーメン食べてしまったよ」

「柴崎選手のゴールで喜んでたらコーヒーをこぼしちゃったよ」など。

ですから、この場合は率直に「経験からくる幅の広さと知識の深さを感じます」と伝えればよかったでしょう。

いじりはハラスメントと思うくらいが自己防衛の意味でもいいかと思います。

第3章

仕事を頼むときの言い方

部下に仕事をお願いするとき、言葉を省略してしまっていませんか。

日本語は阿吽の呼吸で伝わるという良さがあると昔から言われています。

しかし、この「言葉の省略」が、後に言った言わないの食い違いになったり、人間関係の悪化を招いたりします。

そして何より、人はロボットではなく、感情の生き物です。どんなに論理的に伝えても相手の感情を悪くしてしまえば、部下も動いてくれなくなるでしょう。

本章では、一見部下が喜ぶだろうと思えるのに、実際はモチベーションが低くなってしまった頼み方の事例や、誤解されてしまった事例も紹介しています。

せっかく仕事を頼むのなら部下にも気持ちよく動いてほしいもの。そうすることで仕事のクオリティも上がっていくでしょう。

そんな頼み方のちょっとしたコツを、本章ではお伝えいたします。

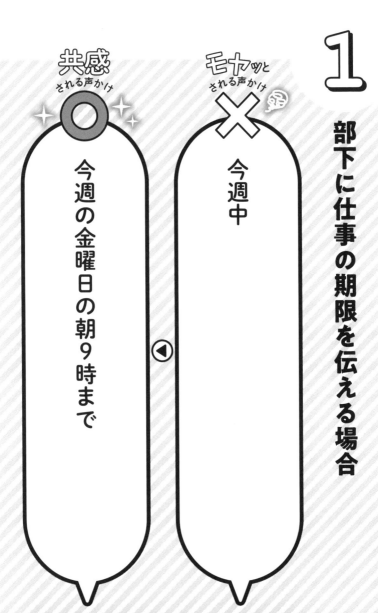

1

部下に仕事の期限を伝える場合

モヤッとされるⅹ声かけ

今週中

共感される声かけ

今週の金曜日の朝9時まで

期限の設定には、複数の解釈ができる曖昧ワードは使わないリーダーのAさんは部下Cさんに、来週木曜日の役員会議で発表するのに必要なデータを今週中に作成してほしいと頼みましたが、一向に成果物は届きません。現在は金曜日の11時。

Aさんは、このデータを元に資料を作成するため、今日の午前中をブロックしていました。

しびれを切らしたAさんはCさんに「あれ、データはまだかな?」と、メールします。すると「午後に調べる時間をとっています。今日中には仕上げますから」との回答が。

どうも**期限の設定がリーダーと部下とで合致していなかった**ようです。

実は、こういうことはしばしば起こります。

それは、**「今週中」という期限が複数の解釈ができる曖昧ワードだから**です。

たとえば土日が休みの会社だとして、「今週中」といえば、金曜日の23時59分に届いても、解釈によってはセーフなのです。

仮に金曜日の午前中に作業をしたいなら、「木曜日の終業時まで」「金曜日の朝9時まで」などと伝えるべきだったのです。

「今週中」に限らず、日本語には形容詞・副詞などを中心に曖昧なワードが多いものです。

ですから、**何かを頼むときは、複数の解釈をされないかに注意する必要があります。**

2 新入社員に仕事をお願いしたい場合

モヤッとされる声かけ ×

誰でもできる仕事だから安心して

共感される声かけ ○

単純作業だけど大事な仕事だから

「大事な仕事だから」というフレーズで
自己効力感を満たす

「誰でもできる仕事だから」と言って仕事をお願いするのは、部下を不安にさせないよい頼み方のように思えます。しかしこのような言葉で頼むのは逆効果です。「誰でもできる＝そのレベルの仕事しか頼めない」という風にとられる可能性があるからです。

確かに難易度の低い仕事かもしれませんが、ここは「単純作業だけど大事な仕事だから」と言い換えましょう。**「大事な仕事だから」というフレーズを使うことで、「自分は大事なことを任される存在」と自己効力感を満たします。仕事の精度も上がるでしょう。**

少し話は変わりますが、仕事は難易度によって「安心ゾーンの仕事」「挑戦ゾーンの仕事」「混乱ゾーンの仕事」の3つに分類して考えることができます。

●安心ゾーンの仕事……現時点でのスキルで100％できる仕事、ルーティンワーク
●挑戦ゾーンの仕事……現時点でのスキルに少し負荷を与えることでできる仕事
●混乱ゾーンの仕事……現時点でのスキルでは困難を要する仕事

この場合、安心ゾーンの仕事のみでは自身も成長しないし、モチベーションも上がらないものです。一方で、混乱ゾーンの仕事もモチベーションが上がらない。**自身の成長・モチベーションのためにも、挑戦ゾーンの仕事をしてもらうのがいい**のです。

過小でも過大でもない、**ほどほどの要求がいい**ということでもありますね。

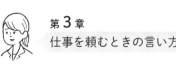

3

仕事を頼んだが、自信がなくて断ってきた部下へ

モヤッとされる声かけ ×

そんな弱気でどうするんだ
責任は全部俺が取るから

共感される声かけ ○

フォローはするから

フォローすることを伝え、
責任を持って仕事を進めてもらう

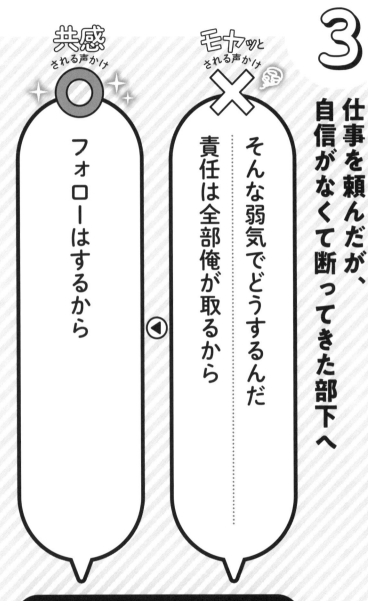

チーム内でお客さまも増えてきたので、分担を見直す必要が出てきました。そこで、2年目の若手社員Cさんに大口顧客の担当を任せることにしました。

自分の営業成績が上がるので普通なら喜ぶはずですが、慎重でリスクを避けることが第一のCさんは「私にはまだ早いです」と断ってきます。

こんなとき、リーダーとして「そんな弱気でどうするんだ」とつい声を荒らげてしまいそうです。**このような激励をしがちなのが昭和タイプ**です。若手社員の頃、叱咤激励をされながら育ってきた影響でしょう。私もこのような発言をする意図はよくわかります。

ただ時代は変わりました。**言い方によってはハラスメントととられる危険性もあります。**ならば次の「責任は全部俺が取るから」という言い方はどうでしょうか。一見いいように思えます。Cさんも安心するでしょう。

しかし、この言い方には問題があります。それは、「責任を全部リーダーが取ってくれるからいいや」となってしまう危険性があるのです。**私たちは責任を持って仕事を進めていくことで、成長するもの**です。

だからといって、リーダーは丸投げでいいわけではありません。ここでは「フォローするから」と伝えましょう。そのうえで、**報告をきちんとする「報告責任」、業務をやり遂げる「遂行責任」は持ってもらいましょう。**

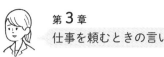

4

部下に後輩の指導をお願いしたい場合

モヤッとされる声かけ ✕

チームのためにDさんの育成を頼むよ

共感される声かけ ○

Dさんには Cさんのようになってほしいんだ。育成を頼めるかな

その人にお願いしたい理由を
明らかにして気持ちを伝える

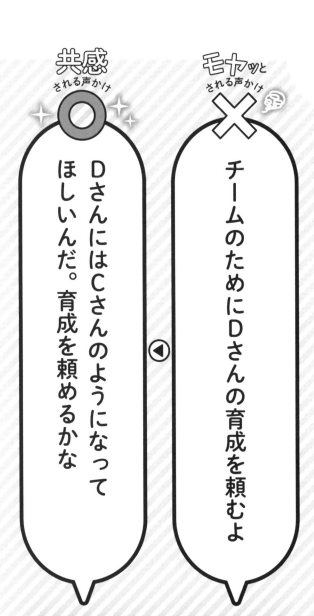

リーダーAさんは新入社員Dさんの育成をCさんにお願いしたいと思っていました。そこで「チームのためにDさんの育成を頼むよ」と伝えます。

しかし、Cさんからは「いや、業務が忙しくて育成まで手が回らないですね。ベテランのTさんとかSさんとか、他にふさわしい人がいるんじゃないですか」と断られてしまいました。

リーダーからすると「会社のため」「チームのため」というのは最重要項目です。しかし、**部下からすると、それより自分のことを優先したいと思うかもしれません。**

年功序列制や終身雇用制のように、その会社に長くいればいるほど、給料が上がっていき、雇用が保証される時代は終わりました。

昇進を断る人も出てきました。昭和・平成時代のリーダーからすると、考えられないことかもしれません。しかし副業解禁になる企業が増えている時代。

そんなとき、どうCさんにお願いすればいいのでしょうか。

ここでは、「DさんにはCさんのようになってほしいんだ。育成を頼めるかな」とお願いしてみましょう。

Cさんにしか頼めないという理由が明らかなので、気持ちは伝わるでしょう。

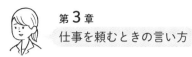

5

中間報告を義務づけたい場合

モヤッと
される声かけ

×

心配だから中間チェックの日
決めておこう

共感
される声かけ

○

解釈の食い違いがあったら
Cさんには悪いから、
中間報告の日を決めたいんだけど

リーダーではなく部下のための
中間報告だと伝える

リーダーAさんは、期限に遅れがちで途中で相談に来ない部下に対して、中間報告を求めることにしました。しかし、この中間報告、Aさんにはどうも形骸化しているように感じられ、無意味なのではないかと悩んでいました。

先日も、今月末が期限のタスクについて、進捗管理を兼ねた中間報告を受けましたが、報告内容や成果物に、中間報告のために急いでやった感が出ていました。

すなわち、部下が「リーダーがうるさいから仕方なくやっている」ように感じられるのです。

このことについてAさんから、任せ方研修の質疑応答で相談を受けました。

そこで私は「中間報告の期日を決めるときにどんな伝え方をしているのですか」と質問しました。するとAさんは「心配だから中間チェックの日決めておこう」と伝えているとのことでした。

確かにこの言い方では、中間報告はリーダー自身のためにあると思われてしまうでしょう。部下もやらされ感を感じてしまいます。

ここでは、**部下のために中間報告をするのだということを伝えなければなりません。**

「解釈の食い違いがあったらCさんには悪いから、中間報告の日を決めたいんだけど」というように伝えるのです。

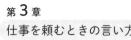

6 年上部下に相談役になってほしい場合

モヤッとされる声かけ ✕

チームをもっと引っ張っていってくださいよ

共感される声かけ ○

Cさん流のプレゼン術をメンバーに浸透させたいんです

リーダーが下から目線で相談し、プライドをくすぐる

年上部下のCさんは経験の幅も広く、深い知識も持ち合わせており、お客さまからの信頼度も抜群です。営業マンとして卓越した存在で、数字でチームに貢献もしてくれています。

しかし、リーダーのAさんは物足りなく思っています。プレイヤーとしてだけでなく、サブリーダーとしてもチームに貢献してほしいと思っていたのです。そこでAさんは、Cさんに「チームをもっと引っ張っていってくださいよ」と伝えます。

しかし、この言い方は危険です。**指示・命令は相談に変えましょう。**

ベテランプレイヤーの中には優秀でも個で動いていきたい人、プレイヤーであり続けたい人など、マネジメント部門に行くのが嫌な人もいるわけです。

そのような人に上から目線で「リーダー的な存在になって動いてほしい」と言ったところで、反発されるだけです。

引っ張るのが義務なわけでもないですから。

このケースでは「アシストをしていただけないでしょうか」と**リーダーが下から目線で相談するのがいい**でしょう。

その際、「Cさん流のプレゼン術をメンバーに浸透させたいんです」などと**本人のプライドをくすぐるのもいい**でしょう。

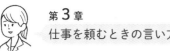

7

仕事が手いっぱいで手伝ってほしい場合

モヤッとされる声かけ ×

手伝ってもらえるかな

共感される声かけ ○

助けてもらえるかな

協力してほしいときには切迫感を出す

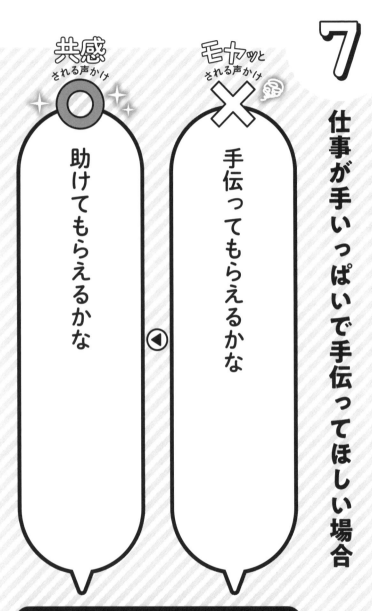

リーダーAさんは報告書を作成していましたが、データ分析に思ったより時間がかかってしまっていました。そこで分析後の入力の仕事を部下のCさんに手伝ってほしいと思い、「明日時間ある？ 入力を手伝ってもらえるかな」とお願いします。

しかし、Cさんには「明日は忙しいんですよね。お客さまと打ち合わせもあるし」と断られてしまいます。仕方なく他の部下にお願いするも、どうも皆忙しいようでした。

Aさんはため息をつきながら「今日は終電かな」と独り言をつぶやきます。

この場合、どうすればよかったのでしょうか。

Aさんが出すべきだったのは切迫感でした。「手伝ってほしい」という頼まれ方をすると、「自分も仕事があるし……」となってしまいます。ここでは「データ入力の時間がなくて。助けてもらえるかな」という言い方をするべきだったのです。

「助けてもらえるかな」と言われると、何とか協力しようと考えるのではないでしょうか。部下も、仮にやることがあっても、よほどの緊急のこと以外は明日以降に調整できないかと考え、時間を作ってくれたかもしれません。

私自身、講師の仕事で「助けてもらえるかな。ちょっと問題が起きてしまって」と言われたときは、前日遠い場所にいたけれど、何とかしなければと思い、引き受けました。

協力してほしいときは、切迫感を出すようにしましょう。

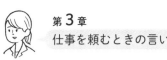

8

自信のない年上部下に仕事を頼む場合

モヤッとされる声かけ ×

これくらいできますよね

共感される声かけ ○

Cさんにはこの仕事が合っているかなと思いまして

承認欲求を満たし、
自己効力感の高まる頼み方をする

年上部下というと、かつては役職があって活躍した人が役職定年になった、変化を嫌って降格した、といったケースが浮かぶ人が多いでしょう。なので、プライドが高く反発したり、反対意見を出して邪魔をしたりするイメージかもしれません。

しかし、そのような人ばかりではありません。

リーダーAさんのチームのCさんは、Aさんより2歳年上です。年上部下なのですが、新卒時に就職が上手くいかず、長くアルバイトや派遣社員として働き、転職歴も多めです。人柄はいいのですが、**自己効力感が低く、仕事に自信がなさそうなのが特徴**です。

実はこのように、一度も部下を持ったり、仕事における成功体験を得たりしたことがない人はいます。

このタイプの人に「これくらいできますよね」と**簡単な仕事だけを与えているとしたら、よくありません**。人は誰しも多かれ少なかれ承認欲求を持っているからです。

また、**もう年齢がいっているから成長は期待できないという考え方もよくありません**。人はいくつになっても成長できますし、成長できる環境、成長したいと思わせる雰囲気をつくるのがリーダーの仕事です。

ですから、「○○さんにはこの仕事が合っているかなと思いまして。今後お願いできませんか」というような**自己効力感の高まる頼み方をしていきましょう**。

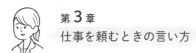

9

部下に新たな業務をやってほしい場合

モヤッとされる声かけ ×

お願いなんだけど

共感される声かけ ○

仮になんだけど

「お願い」ではなく「仮に」で
ハードルを下げる

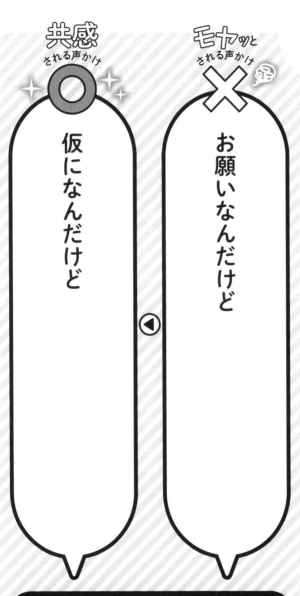

リーダーAさんは、部下Cさんにプロジェクトリーダーをお願いしようと思っていました。Cさんは仕事をきっちりとこなすけれど、冒険はしないタイプです。自分が失敗する可能性のある仕事は引き受けないことが多いです。

なので、AさんはCさんに断られるかもしれないなと思いつつも、「お願いなんだけど。新しいプロジェクトのリーダーになってもらえないかな」と伝えました。これに対し、Cさんからは案の定「私には大役すぎます。他の人にお願いしてください」という答えが返ってきてしまいました。

「そんなことはないよ」と切り返しを試みるAさんに、Cさんは「私には難しいです」としか言わない状態が続き、まったく前に進みませんでした。

この場合、どのように伝えればよかったのでしょうか。

そもそも「お願い」は指示・命令に感じます。しかし、「仮に」と言うと相談に感じ、ハードルが下がります。

指示・命令に対しては、無理なものは断らなきゃと思いますが、「仮に」の場合はあくまで仮定なので、最初から拒否はしないものです。

ですから、この場合は「仮になんだけど、Cさんにプロジェクトリーダーをやってもらうとして」から始めればよかったのです。

第4章 こんな反応だった、どうする？

部下からのメール、挨拶に対して軽く考えていませんか。

実はこれらは重要なことです。人は多かれ少なかれ承認欲求を持っています。きちんとした対応を取っていくだけでも、相手は

「存在承認」という承認欲求が満たされます。

面倒だと思う方もいらっしゃるかもしれませんが、かかる時間はほんの数秒です。何より自分より目上の人やお客さまからメールをいただいたら、きちんと返信するでしょう。部下にも同じように対応するべきなのです。

加えて本章では、反応が難しいシーンも紹介しています。部下に辛辣な意見を言われたり、出した案に反対されたりしたときなど、つい「反射」的に怒ってしまう場合もあるでしょう。しかし、そんな感情をむき出しにするリーダーは信頼されません。

私は日々講演や研修を通して、リーダーは「平常心」を持っておくことと、即否定しないことが大切だと伝えています。これまで数多くのリーダーの方とお会いしてきましたが、実績を上げているチームのリーダーは、即否定はしません。

そのように、相手を否定せず、どう承認するかを、本章では解説しています。

1

顔を合わせることの少ない部下のメールに返信する場合

モヤッとされる声かけ ×

了解

了解です

共感される声かけ ○

大変だったろう。ありがとう

返信にはねぎらいや感謝の言葉を
つけ加えて不安をなくす

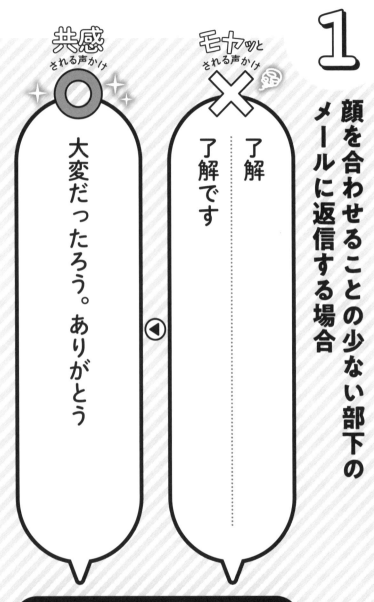

1行メールがいいと推奨されている時期がありました。

1日の仕事時間の中で、メールへの対応が大部分を占めるがゆえに、時短策としてメール対応の時間を縮小すればいいと考えたからです。

確かにお客さまなど社外の方には、丁寧にメールを送る必要があります。

なれなれしい文面が入っていたり、最初の「お世話になります」や最後の「何卒よろしくお願いいたします」が抜けていたりすると、おざなりに感じる人もいるでしょう。

もちろんそうでない方もいるでしょうが、リスクはできるだけ取りたくないものです。

しかし、社内のメンバー、特に部下にならメールを時短で済ませてもいいでしょう。

ただあくまでこれは会社で顔を合わせている場合です。素っ気ないメールに対しても、リーダーの表情が見えるため、さほど気にならないからです。

しかし、これが営業で外出することが多い人やリモートワークをしている部下からすると、**上司からの素っ気ないメールは気になってしまいがち**です。

ですから、メールを受け取った場合も、「了解」のひと言ではなく、「お疲れさまでした」や「ありがとう」といった**ねぎらいや感謝の言葉をつけ加えましょう**。

上司からすると、そこまで部下に気を遣うのかと思うかもしれませんが、部下の受け取り方は違います。**何よりも不安はなくしたほうがいいでしょう**。

2 いつも気持ちのいい挨拶をしてくる部下へ

モヤッとされる声かけ ×

おはよう

共感される声かけ ○

おはよう。Cさんの挨拶はいつも気持ちがいいね

存在承認の意味をもつ挨拶には一言つけ加えて返す

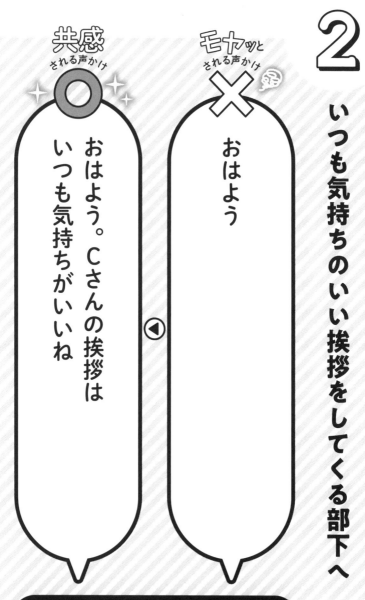

人は誰しも多かれ少なかれ相手から認められたいと思っています。部下はリーダーに認めてほしいと思っているわけです。この「**承認**」**は、難易度の高い順に貢献承認・結果承認・行動承認・存在承認の4つ**があります。

実は、**結果を出していなくても目立った行動（プロセス）がなくてもできるのが、存在を認めていることを示す「存在承認」**です。それが挨拶、メールやチャットの返信です。非常に些細なことですが、挨拶や返信がなかったら、「何か相手を怒らせるようなことをしてしまったのかな」と部下に考えさせてしまうかもしれません。

挨拶はそれだけ大事なのです。ですから、部下の挨拶に対しては必ず返すべきです。挨拶は社会人として最初に教わるようなことですが、年を経るにつれてなぜか挨拶をしなくなってしまう人は少なくありません。

私は日々企業のコンサルティングや講演に伺っていますが、業績のよい会社では廊下を歩いているだけで、挨拶の声がひっきりなしに聞こえてきます。

一方で暗い表情の人が多く、挨拶が返ってこないところもあります。

したがって、「おはよう」だけで終わらずに、「おはよう。Cさんの挨拶はいつも気持ちがいいね」と**一言をつけ加えるとよい**でしょう。いい挨拶をずっと続けて欲しいという意味も込めて。

3 部下に声をかける場合

モヤッと
されるの声かけ
×

吉岡！

共感
されるの声かけ
○

吉岡さん

すべての部下に対して
「さん付け」で声をかける

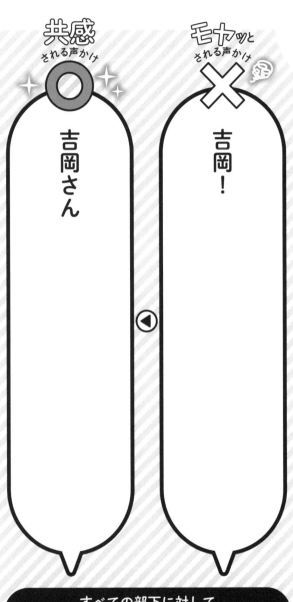

年功序列制の崩壊に伴い、年下上司・年上部下という状況が増えてきました。

また、営業成績などによって役職が上下する会社では、数ヶ月で立場が逆転することもあります。役職が上だからといって今は「吉岡！」と呼んでいても、数ヶ月後、立場が逆転して自分の上司になり、「吉岡さん」と呼ばなくてはならなくなるかもしれません。

よって私はリーダーの方に、**すべての部下に対して「さん付け」にする**ように伝えています。このことによるメリットは2つあります。

1つ目は、**イライラした際にハラスメントになるような暴言を幾分抑えられる**ことです。周囲に人がいないなら、ちょっと言ってみてください。「吉岡！　いい加減にしろよ」とは言えるけど「吉岡さん！　いい加減にしろよ」とは言いづらい。「吉岡さん！　頼みますよ」とならないでしょうか。さん付けには言葉の暴力度を下げる効果があるのです。

2つ目は、**全員をさん付けで呼ぶと平等性が保てる**ことです。

リーダーの中には部下に親しみを込めて、西田さんを「ニッシー」、福田さんを「ふくちゃん」などと呼ぶ人もいるでしょう。でも考えてみましょう。たとえば「今回はニッシー、ふくちゃん、吉岡さんにお願い」と言われたとき、吉岡さんは「何か俺だけ遠い存在かな」と思うのではないでしょうか。全員をさん付けで呼べば、こういった心配もなくなるのです。

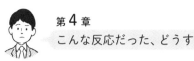

4

部下が情報共有をしてきたが、既知の情報だった場合

共感 される声かけ ○

情報ありがとう。助かるよ

モヤッと される声かけ ×

知ってるよ

今後の情報提供を促すため、
感謝の念を示す

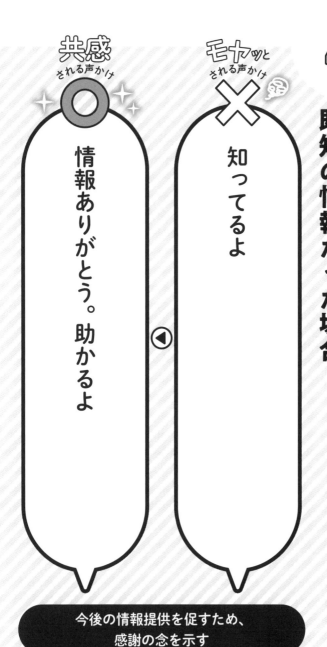

今度駅の北側にライバルのチェーン店ができるとの情報を部下が共有してきました。

リーダーはすでにその情報をキャッチしています。

しかしこんなとき、リーダーが「知ってるよ」と返してしまうと、どうでしょうか。

部下は「せっかく情報を提供したのに」と思ってしまうかもしれません。

自分を否定されたように感じてしまうのです。

さらには「リーダーは自分より情報を早くキャッチしてそうだし、これからは報告しなくていいか」と思ってしまうかもしれません。

このような状態は、リーダーにとってマイナスでしかありません。

今回はたまたま情報を得ていたかもしれませんが、いつもそうというわけではないからです。

ですから**部下が情報を提供してきた場合は「情報ありがとう。助かるよ」と感謝の念を示しましょう**。

仮に情報がすでに入ってきていても、時には知らぬふりをするのです。

部下は「情報提供してよかった。これからもどんどんしていこう」と思うでしょう。

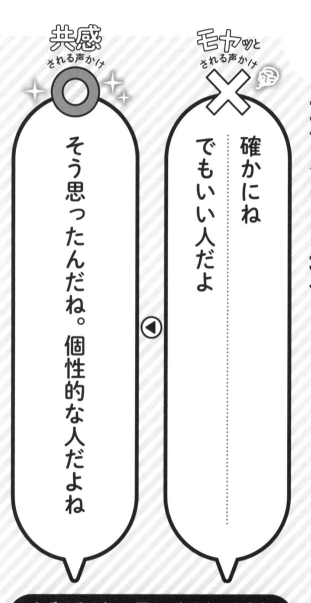

5 他部署の気難しいメンバーについての文句があった場合

モヤッとされる声かけ ×

確かにね

でもいい人だよ

共感される声かけ ○

そう思ったんだね。個性的な人だよね

まずは受け止め、悪口にならないような主観を伝える営業部とやり取りする生産管理部にEさんというベテラン社員がいました。

非常に気難しく、我を通す人です。特別に短納期でやってほしい案件に対しても、なかなか首を縦に振らない。時には耳の痛い意見も言ってきます。

Eさんはマネジャーの次のポジションで、現場を仕切る役割をしています。

ある日、リーダーAさんが部下Cさんと同行した際、Cさんから「Eさんって本当困りますよね。あの人、何とかなりませんかね」と直接相談を受けます。

ここで言ってはいけないパターンは2つです。

1つ目は「確かにね」と同意することです。仮にリーダー自身が部下と同意見であっても、**他部署のメンバーの悪口に同意することは危険**です。リーダーも一緒になって悪口を言っていたと相手に伝わる可能性があるからです。すると、リーダーとして生産管理部に交渉する必要が出てきたとき、交渉が難航するかもしれません。

2つ目は「でもいい人だよ」と部下の意見を否定することです。この言い方は**いかにも八方美人のように思われ、部下との間に距離ができる可能性があります。**

この場合は「そう思ったんだね。個性的な人だよね」と**まずは部下の意見を受け止め、悪口にならないような主観を伝える**のです。ただ1点注意してほしいのは、もし業務が難航しているのなら、そのままにしておいてはいけないということです。

6 飲みに誘ったら断られた場合

モヤッとされる声かけ ×

同期のD君は参加しているよ
勉強になるのにもったいないよ

共感される声かけ ○

大丈夫だよ。
Eさんも飲みに行かない人だから

時間外は各々の個人の時間と認識し、断る余地をつくる

リーダーAさんは部下Cさんを飲みに誘いました。Cさんは部署に配属されて3ヶ月です。部署の歓迎会には参加したものの、その後飲み会には参加しませんでした。

Aさんは若い頃、上司の誘いは断らなかったタイプです。今があるのは当時、就業時間外で上司や先輩の訓示があったからだと思っています。

そこで、Cさんを誘ったのですが、「いえ予定があって」と断られてしまいました。

そんなとき「俺が若い頃は誘われたら断ることはなかったぞ」などと言う人は減ったとは思いますが、「同期のD君は参加しているよ」「勉強になるのにもったいないよ」などと言う人はいるかもしれません。

これらは言い方を変えているだけで、参加を強制していると思われても仕方がありません。特に「同期のD君は参加しているよ」という言葉は暗に「同期が参加しているのに何で違う行動を取るの？」と言っているのと変わりません。

このケースでは、**断る余地をつくるようにします**。たとえば飲みに行かない人がいるなら、「大丈夫だよ。Eさんも飲みに行かない人だから」と伝えるのもいいでしょう。

時間外は各々の個人の時間。

飲みニケーションは悪いことではないですが、**各々のコミュニケーションの取り方、価値観には違いがあることを、令和型リーダーは把握しておきましょう。**

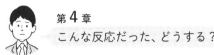

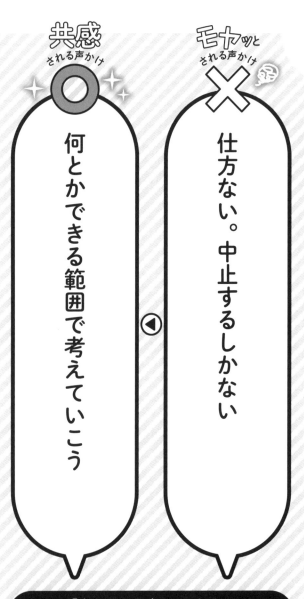

7 予算の削減などの会社の方針を部下に伝える場合

モヤッとされる声かけ ×

仕方ない。中止するしかない

共感される声かけ ○

何とかできる範囲で考えていこう

「白か黒か思考」ではなく、部下と折衷案を考える

今期は外食事業部の立て直しに予算をかけたいという社長の要望により、自身の部署の予算が減ってしまいました。それに伴い、イベントの計画を見直さざるを得なくなりました。その旨をチームミーティングで伝えます。

すると部下Cさんは「何でそうなるんですか？ せっかくこちらは色々なところと連携して進めていたのに」と反発します。

それに対してリーダーAさんは、「上の方針だから仕方ないだろ」と伝えます。

この言い方は一番信頼をなくす言い方です。**自分の言葉で伝えられない伝書鳩リーダーは信頼をなくします**。

さらにAさんは「イベントは場合によっては中止するしかない」と伝えました。

するとCさんは「やってられないですよ」と捨て台詞を残し、会議室を後にしました。

このような場合、どうしたらよかったのでしょうか。

ここで**問題なのが、リーダーが「白か黒か思考」で、グレーを選択肢から外していること**です。そもそもこのケースでは、イベントを中止にしなくても、予算の範囲内で変更することも可能なはずです。

このように「**白か黒か思考」で考える人は、範囲を狭めずに、部下と話しながら折衷案を模索していきましょう**。

8 今後の方針を伝えたが、反発してきた部下へ

モヤッとされる声かけ ×

やるしかないだろ

共感される声かけ ○

そう感じたか

反発はすぐに抑え込まず、まずは受け止める

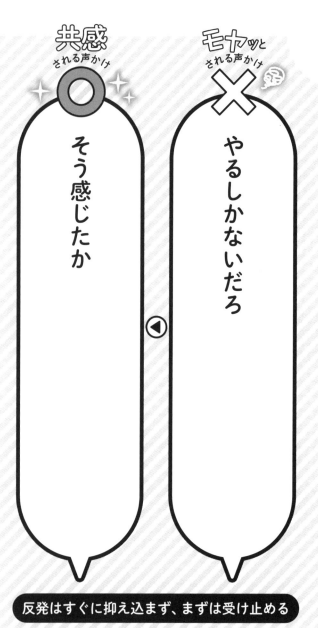

リーダーAさんは、チームの業績を回復させるために「既存顧客の掘り起こしをしていこう」とチームミーティングで伝えます。それに対して部下Cさんは「あまり意味ないと思いますよ。前もやったけど」と反発します。

イライラしたAさんは「やるしかないだろ」と声を荒らげてしまいます。Cさんは「わかりました」と言って静かになりましたが、納得はいっていないようです。

このような状態では、やるにしても、おそらく「やっつけ仕事」になってしまい、成果は出ないでしょう。

何かをお願いした際に反発してくる部下はいるものです。そのとき、反発に対してすぐに抑え込もうとしてはいけません。

抑え込まれると相手は納得しないでしょう。その場では「はいはい」と言いながらやらなかったり、このリーダーとは「対話」ができないと思い、報告や相談をしなくなったりする、といった状態にも発展しかねません。

このケースでは、まずは「そう感じたか」と受け止めることです。そのうえで「そう思ったのはどの点かな」と問いかけをしていきましょう。

反発する部下にとっては、相手が受け止めてくれているかどうかが重要なポイントです。**まずは相手の意見を受け止めるようにしましょう。**

9

優秀な若手部下にサブリーダーの打診をしたが、断られた場合

モヤッとされる声かけ ×

Cさんならできる、実績も申し分ないし

共感される声かけ ○

何か気になる点があるのかな？

まずは気持ちを受け止めて、
懸念材料を紐解いていく

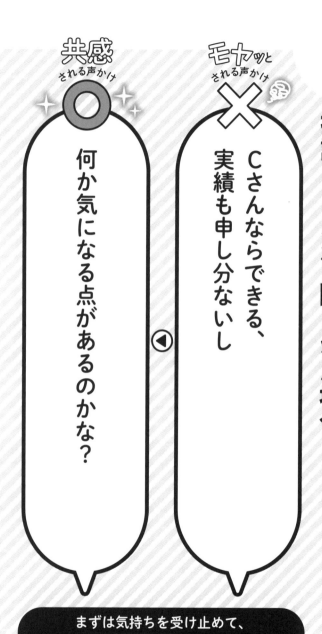

リーダーAさんは、優秀な若手部下Cさんに、将来リーダーになったときのためにと思い、サブリーダーをお願いしました。喜ぶかと思いきや、Cさんは「私なんかでいいですか？ 自信がないんですが」と断ってきました。

Aさんは「Cさんならできる、実績も申し分ないし」と伝えます。Aさんの時代なら、張り切って「やらせてください」と言ったものです。最大のアピールチャンスです。

しかし、Cさんの反応は思うようなものではありませんでした。Aさんからすると、せっかく喜ぶと思って抜擢したのに、肩透かしをくらった感があります。

実はCさんは、リーダーになるにあたってためらいがありました。「周りの先輩を差し置いて自分がリーダーになったら、出しゃばっていると思われるのではないか」と気にしていたのです。このように**横の目を気にしている人は少なくありません**。

ただ、この場合、他にも「プレイヤーのままでいたい」や「今、他に重視したいことがある」といった理由があるかもしれません。

そこで、まずは「何か気になる点があるのかな？」と**部下の気持ちを受け止めることを優先しましょう**。いきなり励ましても的外れなこともあります。まずは部下の気持ちに寄り添う姿勢を示すのです。

そのうえで、**部下の感じている懸念材料を紐解いていけばいい**でしょう。

第5章 ポジティブなフィードバックの仕方

ここでのポジティブなフィードバックとは、「褒める」ことを意味しています。褒めることは相手によい影響を与えるものです。

だからと言って、何でも褒めればいいと考えるのは非常に危険です。褒めたつもりが相手の気分を害して逆効果になることもあるからです。

しかし、適正な褒め方をすれば、相手に気づきや自信を与えるのは事実です。

この章では、効果のある褒め方、やってはいけない褒め方を、いくつかのシーンを例に挙げながら紹介しています。

また、褒めることに関するリーダーの悩みの1つとして、褒める部分が見つからないという声もあります。

さらに、相手に謙遜されたりしたとき、どうしようと考える方もいらっしゃるでしょう。

そのような「苦手」も、本章をお読みいただければ克服できます。

1 部下が常識外の意見を出してきた場合

モヤッとされる声かけ ×

そんなのありえないでしょ

共感される声かけ ○

面白い視点だね

否定から入らず、独特の視点を称賛して
詳細を尋ねていく

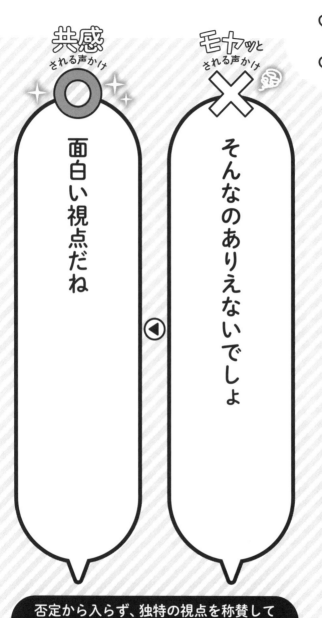

どう見てもこれはⅠ案しかないと思っているところに、部下のCさんが提案してきたのはⅡ案。

あまりにも常識はずれで「ありえないでしょ」と叫んでしまった課長のAさん。

それ以来、Cさんは提案を上げてこない。それどころか周囲に人がいる前でそう言ってしまった影響か、他のメンバーも企画を出してこなくなりました。

やれやれと思って相談に来たAさん。

この場合、どうすればよかったのでしょうか。

ここでは、まずは「面白い視点だね」「意表をつくね」などと独特の視点から提案を導いてきたことを称賛しましょう。

そのうえで「もう少し詳しく話してもらえる?」「そう思ったきっかけは?」などと詳細を尋ねていくのがいいでしょう。

否定から入ってしまうと提案のハードルを上げるだけです。

これは企画の提案に限らず、報告や相談のシーンでも同じです。最初から否定されてしまうとダメージが大きいものです。

2 さらなるステップアップのために部下を褒める場合

モヤッとされる声かけ ×

Aさんは能力が高いから期待しているよ

共感される声かけ ○

企画書いつも細かい分析まで載せてくれていて、本当助かるよ

能力ではなくプロセスを褒め、改善点を伝える

能力を褒めることは部下の承認欲求を満たすからいいと思うかもしれません。

しかし**能力を褒めるのは危険**です。理由は2点あります。

1点目は、**せっかく能力を認めてもらっているのだからと、部下が悪い報告を怠る可能性が出てくる**ことです。

かつて私が営業マネジャーをしていた頃、論理的に話せるため営業成績が優秀な部下がいました。彼にはいつも「Cさんは能力が高いから安心して見てるよ」と伝えていました。しかしそんなCさん、実は、仕事を家に持ち帰って残業をしていたのです。

本来上司に聞けばいいことも、「評価してくれている上司をがっかりさせてはいけない」と思って質問せず、自分で時間をかけて調べていたのです。

そして、2点目は**部下の成長を止めてしまう**ことです。

したがって、たとえば「企画書にいつも細かい分析まで載せてくれていて、本当助かるよ」というように、**プロセスを褒めるようにしましょう**。

そのうえで、さらにステップアップしてもらうために改善点を伝えましょう。そうすると部下も、いったん褒められているのだからと、素直に受け入れてくれるでしょう。

先天的能力よりも、努力やプロセスといった後天的なものを褒める対象にしていきましょう。

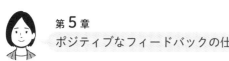

3

部下が会議の進行役を上手に務めてくれた場合

モヤッとされる声かけ ×

上手な進行だったね

共感される声かけ ○

全員が均等に発言できるようにしていて、本当上手だったね

具体的にどの点が良かったかを
ピンポイントで伝える

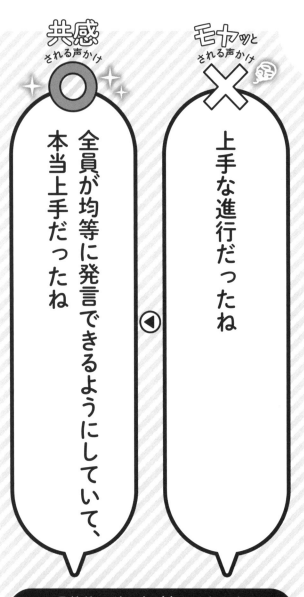

部下Cさんに会議の進行役を任せたら、上手くやってくれました。今後も任せられるなと思ったリーダーAさんは「上手な進行だったね」と褒め言葉を伝えました。

確かに、こう伝えられて喜ぶ人もいるでしょう。

しかし、今回進行役を務めてくれたCさんは、論理的でかつ少し疑り深いところもあります。

Aさんの褒め言葉に対して、「いやいや」と返すだけ。どうもこちらがお世辞を言っているように感じているようです。

このような場合は、**具体的にどの点が良かったかを伝えるようにしましょう。**

なお、その際、**ピンポイントで伝えるとより響きます。**

資料などの成果物でもそうです。

△「いい資料だね」

○「データに対しての講評がいいね」

○「折れ線グラフもあるから推移が一発でわかっていいね」

そうすると信憑性も上がりますし、部下も「リーダーはここまで見てくれているんだ」と感じ、承認欲求が満たされるでしょう。

4 プレゼン資料作成が上手な年上部下を褒める場合

モヤッとされる声かけ ✕

プレゼン資料わかりやすいですね

共感される声かけ ○

Cさんのプレゼン資料って非常にわかりやすいなと思います

謙遜されないため
「私は」を主語にした一人称を使う

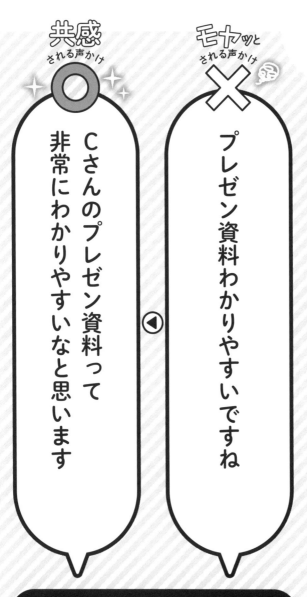

リーダーAさんは、叱られて育ってきたリーダー。反骨心を煽られてきました。しかし、今はもうそんな時代ではないことは十分にわかっています。褒めることが必要なのはわかっていて、実際にやってもいますが、どうしてもぎこちなくなってしまいます。

先日も年上部下Cさんに対して「プレゼン資料わかりやすいですね」と褒めたつもりが、「そんなことないですよ。普通ですよ」と切り返され、あっけなく終了。しかもCさんは「忙しいときにわざわざそんなこと言いたかったの」という表情です。

もしかすると褒めたのは逆効果だったかもしれないと感じています。

このケースではどのように褒めればよかったのでしょうか。

そもそも年上部下の中には、褒められると、上司が媚を売ってきているなと思う人もいます。そのうえ「あなたは」という二人称で褒めてしまうと、「そんなことないですよ」と謙遜の言葉が返ってきた際、切り返すのが難しくなります。

ここでは**「私は」を主語にした一人称を使うようにしましょう**。「そんなことないですよ」の謙遜に対して、「私はそう思いました」とあくまでも私の主観だと示す切り返しをするのです。それならば、相手も受け止めてくれるでしょう。

二人称より一人称のほうが、相手に対して上から目線に感じさせないというメリットもあります。

5

コミュニケーションのために部下を褒める場合

モヤッとされる声かけ ×

俳優の○○さんに似てるね

◀

共感される声かけ ○

Cさんはよく勉強しているね

あまり外見には触れずに努力姿勢を褒める

部下Cさんに「俳優の○○さんに似てるね」と言ったところ、嫌そうな顔をされてしまったリーダーAさん。その俳優は今人気の方で、喜ぶだろうと思って言ったのですが、実際はそうではありませんでした。

Aさんは鳩が豆鉄砲を食ったような顔をしています。

何がよくなかったのでしょうか。

実は褒めた相手のCさん、その俳優があまり好きではなかったのです。人気俳優だからと言って、世の中全員がその人を好きなわけではありません。

たとえばメジャーリーガーで大活躍中の大谷翔平選手。異次元の活躍をされているし、外見もすごく格好いい。老若男女を問わず人気の選手であることは間違いないでしょう。しかし、そんな大谷選手でも、100%全員から好かれているわけではないでしょう。

ですから**「○○さんに似ている」は危険なのです。また人は同じことを何度も言われていると嫌になるという側面もあります**。

何より外見ばかり褒められている人の中には、「内面を見てほしい」と思っている人が多くいます。

したがって、**職場においては、リーダーはあまり外見に触れないようにしましょう**。それよりも「よく勉強しているね」といった部下の努力姿勢を褒めるようにしましょう。

6 相手の持ち物を褒める場合

モヤッとされる声かけ ×

今日の服装、いつもと違う雰囲気だね

共感される声かけ ○

そのペンの緑、きれいですね。どこで買ったのですか

体に触れていないもの、
男女ともに使うものを褒める

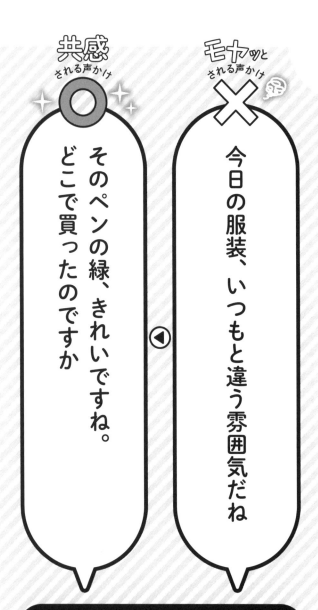

外見に続き、褒めてしまいがちなのが相手の服装です。

もちろん、服装を褒められて喜ぶ人もいるでしょう。

しかし、「今日の服装、いつもと違う雰囲気だね」「そのスカーフの色きれいだね」などと伝えてしまうと、部下の中には「そんなところまで見ているのか」と嫌悪感を抱く人もいるかもしれません。セクハラだと感じる人もいるでしょう。

ですから、服装に関しては「穴の開いたジーンズを穿いてきた」など、よほど奇抜な格好をしてきて注意をする場合以外は、触れないことです。

しかし、相手の持ち物であれば別です。持ち物を褒めるのは構いません。

その場合、**褒めるのは「体に触れていないもの」にしましょう**。

また、仮に**部下が異性の場合は、男女ともに使うものがいい**でしょう。

「その手帳、機能的だね」「そのバインダー、重厚で、研修に持っていくとそれだけできちんとした人の雰囲気が出るね」といったように。

さらには「そのペンの緑、きれいですね。どこで買ったのですか」と**自分も欲しい旨を伝えると、わざとらしさも消えていい**でしょう。

7 あまり評価の高くない部下のよい一面を発見した場合

モヤッとされる声かけ ×

意外に詳しいんだね

◀

共感される声かけ ○

助かったよ。詳しいんだね

決めつけるような余計なひと言を加えない

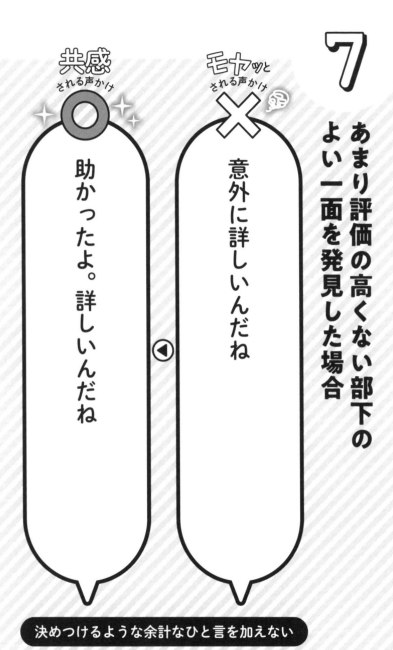

リーダーAさんは財務情報を知るために、営業成績が優秀な部下に、会計の勘定科目である「減価償却」について質問していました。しかし、いくら優秀とはいえ会計に詳しいわけではなく、回答ができませんでした。

そんな折、別の部下のCさんが「定率法と定額法はこう違うんですよ」と言います。Aさんはビックリして「意外に詳しいんだね」とCさんに伝えます。

Cさんは「意外に」という言葉にショックを受けます。実はCさんは簿記検定1級に合格しています。しかし、営業成績を上げていないから評価されていません。AさんはCさんに対し、「仕事ができないから、知識もないだろう」と決めつけていたのです。

こんなとき、どう言えばよかったのでしょうか。

「助かったよ。勉強しているね」あるいは「助かったよ。詳しいんだね」でいいのです。**「意外に」「思ったより」「なのに」といった言葉は余計**です。

他にも「マレーシア人なのに日本語上手だね」「60代なのにパソコン詳しいですね」など、**国籍や年齢から決めつけていることがわかる言い方は厳禁**です。

なお、私は**「仕事ができない」という言い方をしないように**、日々お伝えしています。「仕事ができるかできないか」はひとつに括れるものではないからです。誤字脱字が多くても交渉が得意な人もいれば、交渉が苦手でも資料作成が得意な人もいるのですから。

8 プレゼンが前回より上達した部下へ

モヤッとされる声かけ ×

今日のプレゼン素晴らしかったです。Cさん見直しました

共感される声かけ ○

今日のプレゼン
素晴らしいなと思いました

前がダメだと示す言葉は使わず、
Iメッセージで伝える

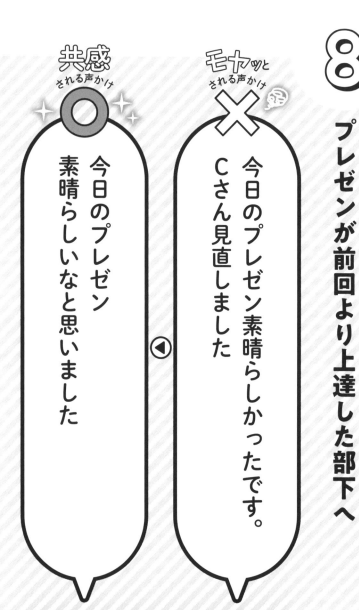

リーダーAさんは部下Cさんのプレゼンを見て、感動しました。前回と比べて格段に上達していたからです。

「今日のプレゼン素晴らしかったです。Cさん見直しました」と伝えます。

この言い方は褒めているようで、実はよくありません。

「見直しました」は前がダメだったと暗に示す言葉であり、相手にとっては気分を害する言葉だからです。

この場合、「今日のプレゼン素晴らしかったです」とだけ伝えればいいのです。そうすると、相手も褒め言葉として受け取ってくれるでしょう。

ただし、この言い方だと、年上部下などは上から目線に感じるかもしれません。

そこで、ここでは「今日のプレゼン素晴らしいなと思いました」というように、**Iメッセージを使うのがいい**でしょう。

なお、「見直しました」と同様に、「感心しました」「やりますね」「さすが」といった、上から目線に感じる言葉も使わないようにしましょう。

もし、**こんな言葉を使っていいかと迷ったら、仮に自分が新入社員に言われたときにどう思うかを基準にするといい**でしょう。

9 部下の提出資料が合格点だった場合

モヤッとされる声かけ ×

問題ないよ(これでいいよ)

共感される声かけ ○

この講評、いいね。折れ線グラフと棒グラフのセット、わかりやすいね

長所にフォーカスし、
必ず1点は長所を見つける

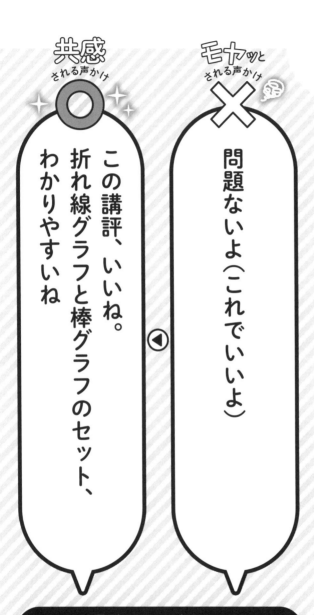

部下からE社のコンペに使う提案資料が上がってきました。見たところ何も問題はなさそうです。早速リーダーは「問題ないよ（これでいいよ）」と返します。

一見、何も悪くない回答のように思えますが、実はこの**「問題ないよ」が口ぐせになっているとしたら注意が必要**です。

私事ですが、講演やセミナーなどで受講者の方々からフィードバックをいただく際に、「問題ないよ」との答えをいただくことがあります。

おそらく、受講していただいた方からすると、ポジティブなフィードバックなのでしょう。感謝はしていますが、心から喜べない思いもあります。

その一方で、自分自身もこの「問題ない」が時折くせで出ているなと感じます。

この「問題ない」は日本人がよく使う言葉であり、その源には減点主義があるのではないかと思います。提出資料をもらったときに、まずマイナス点がないかを探してしまうわけです。

確かに、相手から不合格をもらわないようにとの視点は大事でしょう。

しかし、そこにプラスして「この講評、いいね」「折れ線グラフと棒グラフのセット、わかりやすいね」といった**具体的な良い点を指摘するようにしましょう。**

長所にフォーカスし、必ず1点は長所を見つけるようにするのです。

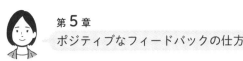

第6章 ネガティブなフィードバックの仕方

部下を成長に導くには、時に叱らなければならないこともあるでしょう。しかし、リーダーの中には叱るのが苦手という人も少なくありません。

特に昨今はハラスメントの問題がクローズアップされており、何でもオブラートに包まないといけないように思っているリーダーも多いでしょう。物分かりのいいリーダーになって叱らなければいいと考える人もいます。

特に最近は、メンタル的に落ち込みやすい部下が増えているようにも見えます。しかしこれは単に、昭和や平成の前半は、いいからやれと強く言うのが正しいとされていた傾向があり、部下が落ち込むことなど気にしていなかったからでしょう。

逆に、部下の離職理由に「成長できない環境だった」というものが上位に入ってくるようになりました。中でも耳にするのが「リーダーが叱ってくれないから成長できない」というものです。だから叱っていいのです。ただ、気をつけないといけないのは、叱ると怒るを混同しないことです。叱る目的は部下の行動改善ですが、怒るのは自分自身の感情を抑えられないからでしょう。つまり、部下の行動改善につながらなければ、叱り方が間違っているということです。

本章では、部下の成長につながる適正な叱り方をお伝えしていきます。

1 部下がミスを報告せず自分で何とかしようとしていた場合

モヤッとされる声かけ ✕

何で報告にこないんだよ

共感される声かけ ◯

報告しづらかったたか

悪い報告をしやすい雰囲気を
つくるよう心がける

リーダーとしては、悪い報告や相談は早く欲しいもの。一方で部下の側からすると、悪い報告や相談はしにくいもの。私も若手社員の頃、そうでした。

今はハラスメントの問題がクローズアップされており、怒鳴ったりするリーダーは減ったでしょう。そうは言っても**悪い報告や相談はしづらいもの**です。報告後にリーダーは嫌そうな顔をするし、何よりも評価が心配。

グーグルが取り入れたことで一気に広まった考え方に、心理的安全性というものがあります。**「心理的安全性」とは、みんなが気兼ねなく意見を述べることができ、自分らしくいられる文化のこと**をいいます（エイミー・C・エドモンドソン）。

職場で直面するイメージのリスクで「無能だと思われるリスク」があります。「こんなこともできないのか」と思われ、評価を下げられないかという不安です。

特に日本では減点主義が蔓延しています。コロナ禍などで先行きがより読めなくなった時代、リーダーもよりリスクを取るのを恐れ、つい減点主義に陥りがちです。

しかし、この「減点主義」が部下に伝わってしまうと、部下は悪い報告をして怒られたり評価を下げられたりするくらいなら、自分で何とか事をおさめようと考えます。そうなると、事はより悪い方向に進みがちです。時には隠ぺいにつながることも。

ですから、リーダーは**悪い報告をしやすい雰囲気をつくるよう心がけましょう。**

2

返事はいいが、なかなか動かない部下へ

モヤッとされる声かけ ×

なぜ動かないの？

共感される声かけ ○

何から始める？

最初の一歩まで伴走して行動を促す

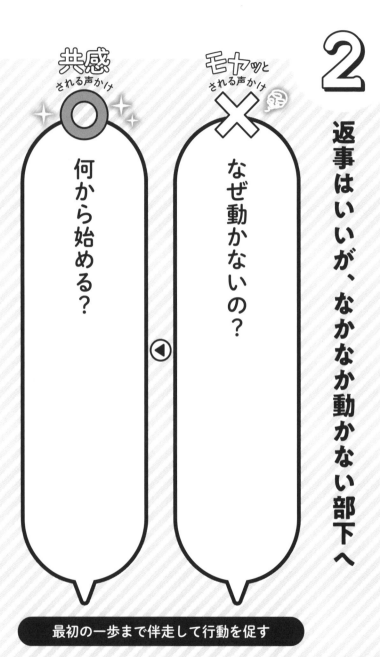

やったことのない複雑な仕事やクリエイティブで時間を要する仕事は、なかなかハードルが高いものです。部下のCさんはルーティンワークなどの仕事はしっかりこなしますが、企画書作成などの仕事は非常に苦手です。

Cさんは、評価を下げられることを恐れているうえに、失敗して恥をかきたくないとの思いが強くあります。リーダーAさんはCさんに、新しい企画を出すように何度も伝えましたが、相変わらずです。今まではリーダーが立てた企画を実行してもらっていましたが、新入社員も配属され、さすがに一本立ちしてほしいところです。

先日も「なぜ動かないの？」と聞きましたが、「はい」としか言いません。Aさんから、この場合はどうしたらいいでしょうかとの相談を受けました。

このケースで言えば、まず**「動けない理由」を聞いても意味がありません**。また以前、「何がその仕事を始めるに当たって障害になっているの？」と聞いたこともあるそうですが、次から次へと「動けない理由」を述べてくるだけだったそうです。

それよりも、**「何から始める？」と尋ね、一歩動くところまで行動を共にします**。一歩動いてみたら思ったよりも簡単で「なぜ今までやらなかったのだろう」と感じたケースは少なくないのではないでしょうか。

なかなか動けない人には、最初の一歩まで伴走しましょう。

3 メールの返信が遅い部下へ

モヤッとされる声かけ ✕

メールは2時間以内に返すように

共感される声かけ ○

メールは何時間以内に返せばいいと思う？

自分で決めて最終的には
宣言してもらうように導く

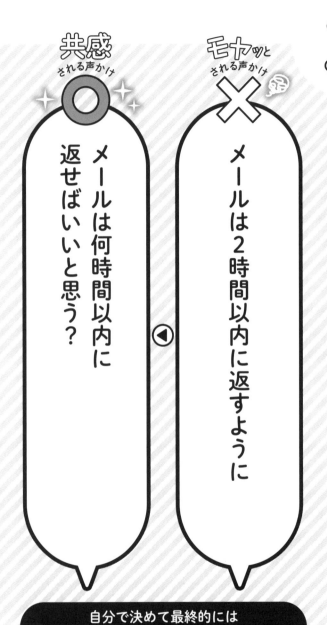

メールの返信が遅い部下Cさん。営業事務や生産管理部からリーダー宛てに、Cさんからメールの返信がなかなか返ってこないとよくクレームが起きます。メールは対外的には「24時間以内に返せばいい」と言われていますが、早いに越したことはないでしょう。

そこでリーダーはCさんに「メールは2時間以内に返すように」と伝えます。

しかし、**このように説得されるとなかなか部下も「自分ごと」になりにくいもの**です。

この場合、次のように質問してみましょう。

上司「メールは何時間以内に返せばいいと思う？」
部下「4時間以内ですかね」
上司「そうか。仮にお客さまからの問い合わせだったらどのくらいで返す？」
部下「商談終了後すぐに返します」
上司「具体的にはどのくらいの時間で？」
部下「2時間以内に返します」
上司「生産管理部や営業事務にはそうしなくていいの？」

このようにヒアリングしていけば、部下も「2時間以内に返します」と自分で言うでしょう。**自分で決めてもらうことが大事**です。人は言行不一致を嫌うので、自分で決めたことは守ろうとします。だからこそ**最終的には宣言してもらうように導く**のです。

4 いつも期限に遅れる部下へ

共感 される声かけ ○

開始期限って決めてる?

モヤッと される声かけ ×

なぜいつも遅れるの?

「いつから始めるか」を
その場で決めてしまう

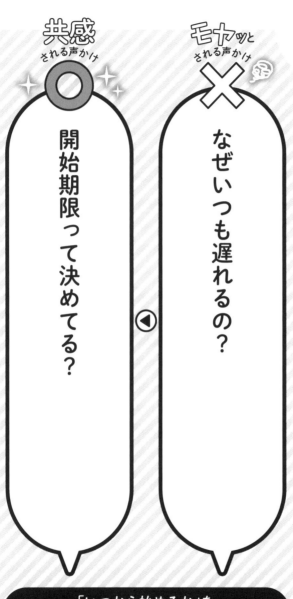

締切日の翌日になっても、先日お願いした報告書を送ってこない部下のCさん。「またかよ」と思ったリーダーAさんは「なぜいつも遅れるの？」と質問します。

しかし、部下は「すみません」としか言いません。もう何度もこのようなやり取りをしています。

このようなケースでは、どうしたらよいでしょうか。

まず、部下に遅れる理由を聞いたところで、なかなか改善しないでしょう。**「なぜ」は人を対象にしたいい方であり、詰問のように感じてしまいます。**

相手に責められたときに出てくる回答はきちんと考えたものではなく、その場での言い訳であるケースが少なくありません。

そもそも、仕事が期限に間に合わない原因というのは、着手が遅いからです。

極端な言い方になるかもしれませんが、仕事は着手した時点で半分は終わったようなものです。したがって、着手を早めるようにしてもらいます。「開始期限って決めてる？」と聞き、**「いつから始めるか」をその場で決めてしまいましょう。**

仮に、質問に対して部下がだいぶ遅い開始期限を設定してきた場合、部下の仕事分担、優先順位に対する考え方を見直すきっかけにもなり、生産性のアップにつながる場合もあります。

5 部下から提案書を受け取ったが、内容が稚拙だった場合

モヤッとされる声かけ ×

はい、やり直し

共感される声かけ ○

提案書作成してくれてありがとう

まずはねぎらいの言葉を伝え、
その後に改善点を指摘する

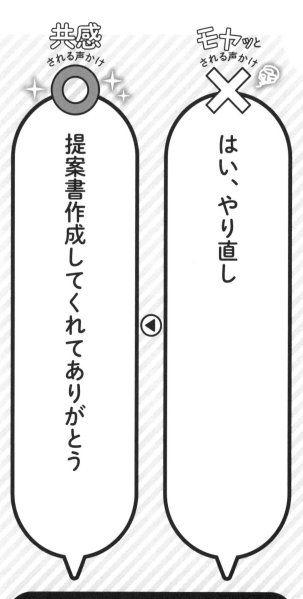

提案書が及第点と言えない場合、すぐに「はい、やり直し」などと言ってしまうかもしれません。確かに、これじゃ話にならないという気持ちもわかります。

しかし、部下は提案書を作成するのに時間をかけました。何より部下はリーダーに比べて知識も経験も浅いことがほとんどです。今はリーダーのあなたも、部下の時代に最初から完璧な提案書を作成していたでしょうか。

もしかすると「作成していた」という方もいらっしゃるかもしれませんが、ほとんどの方はそうではないでしょう。

ならば、**まずは出来に関しては目を瞑って「提案書を作成してくれてありがとう」とねぎらいの言葉を伝えましょう。改善点を指摘するのはその後**です。

そうしないと、部下は提案をしてこなくなるでしょう。ましてや、リスクを恐れて失敗しない（何もしない）人を評価していたら、新たなことをして怒られるくらいなら、何もしないほうがいいと考える人も出てくるかもしれません。

なお、やり直しとしか言わないことにも非常に問題があります。

おそらく部下が自分で考えないと成長しないからそのように伝えているのでしょう。しかし、そもそも部下は視野が狭くて正しいやり方を知らないから、稚拙な提案書を作成してくるわけです。ならば**ヒントを伝えてあげましょう**。

6

仕事が丁寧だが、時間がかかりすぎてしまう部下へ

モヤッとされる声かけ ×

そんな細部にまでこだわらなくていいよ

共感される声かけ ○

チームミーティングに使う資料だから、厳密な数字じゃなくていいよ

仕事を頼むときは後工程を伝え、品質を判断してもらう

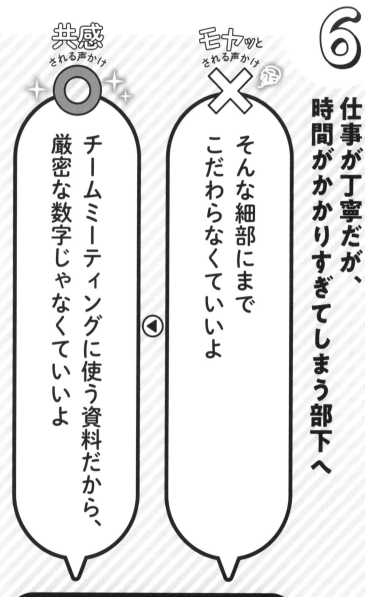

部下Cさんは、丁寧に仕事をするのはいいのですが、作成する資料が過剰品質になる傾向がありました。

もちろん、お客さまに提出する資料など、詳細まで載せる必要がある場合もありますが、そうでない場合もあります。

そんなCさんにリーダーは「そんな細部にまでこだわらなくていいよ」と伝えます。しかし、Cさんは変わりませんでした。

話していくうちに気づいたのですが、どうもCさんはリスクを非常に嫌うタイプでした。「資料に載っていないじゃないか」と言われることを恐れていたのです。

この場合の改善方法としては、「チームミーティングに使う資料だから、厳密な数字じゃなくていいよ」と**後工程を伝えるのがいい**でしょう。

仕事をお願いするとき、WHAT（資料）、WHY（なぜその仕事をお願いするのか）、HOW（どういう方法で）までは伝える人が多いのですが、WHOM（誰に・誰が使うか・誰が見るか）までは伝えないものです。

この**後工程を伝えることで、どのくらいの品質のものにすればいいかの判断もしやすくなります**。

何かをお願いするときはWHOMまで伝えるようにしましょう。

7

怒りの感情をぶつけてしまった後に謝りたい場合

モヤッとされる声かけ ×

悪かった。怒ったことは忘れてくれ

共感される声かけ ○

さっきは強く言って悪かった。まずは○○から直そう

怒鳴ったことだけを謝罪し、行動改善すべき点を示す

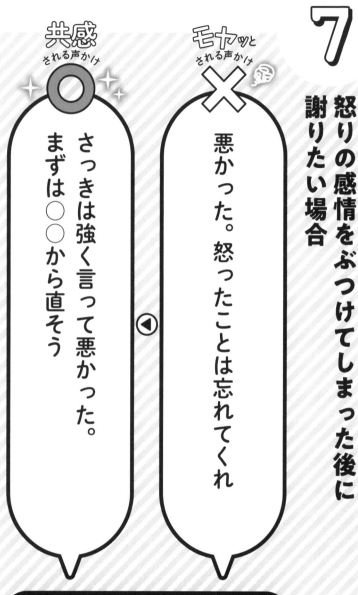

リーダーAさんは部下Cさんについ強い口調で怒鳴ってしまいました。

普段から感情を出してはいけないと意識はしていましたが、あまりにもCさんが軽率なミスをくり返すもので、つい感情的に怒ってしまったのです。

しかも、周囲に人がいる状態で怒ったので、どうやらCさんも凹んでいるようです。

「悪かった。怒ったことは忘れてくれ」とCさんに伝えます。

実はこのAさんの取った行動はよくありません。

もちろん感情を出して怒鳴ったことは悪いことですが、部下に謝ったことも問題です。**叱ったこと自体を謝ってしまうと、何の意味もなくなってしまう**からです。そもそも軽率なミスをくり返していることは叱る対象で、行動を是正してもらう必要があります。

このシーンでは「感情をぶつけたこと、いわゆる怒鳴ったこと」が問題です。ですから「さっきは強く言って悪かった。まずは○○から直そう」と**感情をぶつけたことだけを謝罪すればいい**のです。そのうえで、安心材料を与えるためにも、まず直すべき点はここだということを示します。行動改善すべき点を再度クローズアップするのです。

なお、最近は「飲みに行こう」と言う方は減ったと思います。しかし、時には誘うのもいいかもしれません。なぜならそのような形でコミュニケーションをとらなければ、上司と一緒にいると、怒られたことをずっと引きずってしまうという弊害があるからです。

8

部下のモチベーションを落とさずに指摘したい場合

モヤッとされる声かけ ×

このシステムを導入するとだいぶ効率的になるね。でも予算を考えると難しいかな

共感される声かけ ○

このシステム、予算を考えると難しいかな。でもだいぶ効率的になるね

「叱ってから褒める」の順番で最後の言葉の印象を残す

２つは同じ内容を伝えていますが、言われた側の捉え方は大きく変わります。

ＮＧの言い方では「予算を考えると難しいから、一応効率的と言っているだけかな」という印象を部下に与えてしまいます。一方、ＯＫの言い方だと「予算の問題はあるけど、上司も賛同してくれたんだな」と部下も思います。

もう１つ例を挙げていきます。

「大口顧客Ａ社との契約も締結して素晴らしいね。ただ、ミスが増えているから注意して」。

このように、褒められてから叱られると、「ミスを注意して」という内容が頭の中に残ります。形式上褒めておいた感が強くなります。

一方で、叱られてから褒められるとどうでしょうか。

「最近、ミスが増えているから注意して。大口顧客Ａ社との契約も締結して素晴らしいのだから」。

ミスを指摘されたけど、大口顧客受注を褒めてもらったという印象の方が強く残りませんか。

親近効果といって、**最後の言葉の印象は強く残りやすいもの**です。

ですから、**「褒めてから叱る」より「叱ってから褒める」にしましょう。**

9 第三者からのネガティブな意見を伝える場合

モヤッと
されるこえかけ
×

Eさんが怒っていたよ

共感
されるこえかけ
○

最近特別案件が多すぎるのではないかと思う

第三者が怒っていたとは言わず、
リーダーの言葉で伝える

部下のCさんは最近、生産管理部に特別に短納期でやってくれ、在庫を仮押さえしてくれとのお願いを多くしていました。それでも受注できればいいのですが、実際は失注が続いていました。生産管理部としてはギリギリの人数で回しているため、かなりCさんに振り回されている状況です。

リーダーAさんのもとに、生産管理部のリーダーEさんから「もっと見込み確度の高いものだけに絞ってもらえないか。現場が混乱するから」との怒りの電話をもらいました。かなりの剣幕であったうえに、今後の部署間のやり取りに支障がないようにとの思いから、「Eさんが怒っていたよ。特別案件は確度の高いものに絞ろう」と伝えます。

この場合、事実を伝えており、リーダーAさんには何の問題もないように思えます。

しかし、よい伝え方ではありません。具体的には2点問題があります。

1つ目は、「第三者が怒っていたよ」という伝え方をしている点です。第三者が褒めていた場合と違い、**第三者が怒っていたという言い方は、ショックが倍増します。**

2つ目は、リーダーが自分の言葉で伝えていない点です。**伝書鳩のようにお願いするよりも、リーダー自身の言葉で要望を伝える方が、部下にとって「自分ごと」になります。**

この場合では「最近特別案件が多すぎるのではないかと思う。特別案件は確度の高いものに絞ろう」と伝えましょう。

10

プレイングマネジャーで自分が結果を出せていない場合

モヤッとされる声かけ ×

私も言える立場ではないですが、気をつけましょう

共感される声かけ ○

遅れたのは何が原因かな

どうすればミスがなくなるだろうか

プレイヤーとしての成績は気にせず、
堂々と叱る

そもそも**マネジャーは部下を成長させるのが仕事**です。プレイングマネジャーの場合でも同じです。プレイヤーとしての成績が悪いからといって、マネジャーの仕事を全くしないというのではよくありません。

そもそも**プレイヤーとしての成績を気にしてしまうのは、自分本位であり、マネジャーとしての大切な役割を認識していない**とも言えます。いわゆるプレイヤーとしての気質から抜けきっていないのです。そうは言っても、自分が成績を上げていなければ、部下に対して説得力がないのではないかと感じるかもしれません。

だから、Aさんは部下を叱るときに、非常に控えめにやんわりと伝えます。

「私も言える立場ではないですが、気をつけましょう」。

一見、謙虚なリーダーですが、逆に言うと無責任です。

「私も言える立場ではないですが」「こんなことを言っても説得力はないかもしれませんが」といった言葉で覆い隠そうとしているわけです。**叱るときは堂々とするべき**です。

そもそも上司は結果を出していたから上司となったわけで、プレイヤーとして一時的に不調であっても、部下がついてこないとはなりません。部下がついてこないのは、言行不一致が多かったり、人によって態度が違ったりするマネジャーです。

普段から共感・信頼されていれば問題はありません。

11 長々と脈絡のない話をする部下へ

モヤッとされる声かけ ×

結論から話せよ

共感される声かけ ○

ちょっと席外すから
それまでにまとめておいて

端的に話すのが苦手な部下には、
話をまとめる時間を作る

リーダーAさんは部下Cさんにイライラしていました。

Cさんは常に前置きが長く、結論までたどり着かない。

今日もイライラして「結論から話せよ」と声を荒らげてしまいました。

確かに**ビジネスでは長い話は禁物**です。

Cさんは端的に話をするように心がけ、訓練していく必要があります。

ただし、これには時間もかかります。

もし端的に話すのが苦手な部下が、ただその場で長い話をするようだったら、そのときは「ちょっと席外すからそれまでにまとめておいて」と**話をまとめる時間を作ってあげましょう**。

12

調べるのに時間をかけすぎている部下へ

モヤッとされる声かけ ×

これからの時代、検索力は大切だよ

共感される声かけ ○

5分調べてみてわからなかったら、質問しよう

検索や調査に長い時間をかけすぎず、時間を区切る

リーダーAさんは、自分で調べないで質問してくる部下Cさんに対し、「インターネットというものがあるんだから、自分できちんと調べてから質問に来るように。これからの時代、検索力は大切だよ」と伝えます。

確かにリーダーは忙しいですし、部下には自分で調べる力を身につけてもらいたいものです。

ここでいう「検索力」とは造語ですが、検索する力です。

不思議なことに、同じことを調べていても、解答へたどり着く時間はそれぞれバラバラです。早くたどり着ける人は、ワードの組み合わせが上手だったり、検索のコツを体得していたりします。

これも1つのスキルと言えるでしょう。

しかし、**検索や調査に長い時間をかけるのは、仕事上、効率はよくないもの**です。

それならば、ある程度の時間が経ったら質問した方がいいでしょう。

リーダーBさんは部下に「5分調べてみてわからなかったら、質問しよう」と伝えていました。

実は、この**検索の時間を区切ることは大切です。時間を区切らないと永遠に時間を費やすことになるから**です。

13

仕事を頼まれたら断れない部下へ

モヤッとされる声かけ ×

断ることは自分のためだよ

共感される声かけ ○

断ることは相手のためでもあるんだよ

パフォーマンスを保つためにも
断ることは大切だと伝える

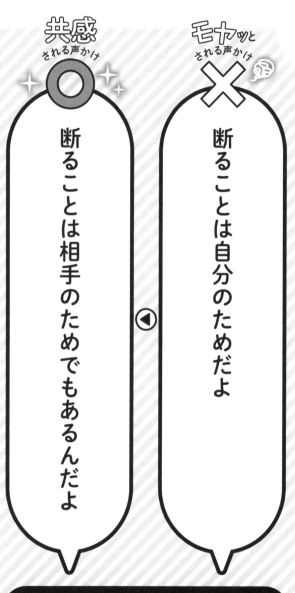

部下Cさんは頼まれると断れない性格でした。

先輩や他の部署からひっきりなしに仕事を頼まれます。断らないので、常に忙しくバタバタしています。

そこで、リーダーAさんはCさんに対して「断らないと自分がパンクしてしまうよ。断ることは自分のためだよ」と伝えます。

しかし、相手を優先してしまうCさんは、仕事において多少自分を犠牲にするのは仕方がないと思っていました。また、仕事の量をこなしていくことは、自分自身のスキルトレーニングにもいいと思っていました。

そして、仕事を引き受け続けた結果、どんどん担当する仕事量が増えていきました。

しかし、あるときからミスが増え始め、さらには通勤の電車のなかでイライラすることが増え始めました。知らぬ間にストレスが蓄積されていたのです。

見かねた隣の部署の先輩EさんがCさんに「断ることは相手のためでもあるんだよ」と警鐘を鳴らします。納得したCさん。**仕事量が増えればミスをして同僚に迷惑をかけてしまう。自分のパフォーマンスを保つためにも断ることは大切と考えを改めた**のです。

それ以来、Cさんは心身ともに健康になり、かつ同僚との人間関係も良好になっていきました。

14

他責にする傾向の強い部下へ

モヤッとされる声かけ

×

責任を他の人に押しつけるな

◀

共感される声かけ

○

我々で変えられるものはないだろうか

自分を成長させるためにも
他責はやめるように促す

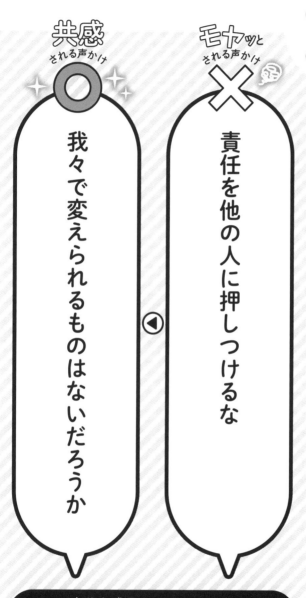

お客さまから、請求書の金額が間違っているとお叱りを受けた部下Cさん。「まったく経理部のせいで俺が怒られた」と愚痴っています。

確かにこのケースでは、Cさんに落ち度はないかもしれません。

しかし、**営業は謝罪するのも仕事の1つです。他の人に責任を押しつけてはなりません。**

実はCさんは普段から他責にする傾向がありました。

例を挙げていきます。

「ウチの会社、品揃え悪いからな。購買部は何を考えているのだろうか?」。

「マーケティング部からの実地調査依頼、本当あの部署はお願いばかりだな」。

その他にも、目標未達の原因を聞いたときに「ウチの会社、広告費もかけてませんから。集客もよくありません」と答えたこともあります。

あまりにもCさんの他責が強いので、リーダーAさんは「責任を他の人に押しつけるな」と声を荒らげてしまいました。

他責は自身の成長を阻害するという悪い面もあります。自分を成長させるためにも他責はやめるように伝えましょう。

そのうえで「我々で変えられるものはないだろうか」と問いかけをしてみましょう。

15

アイデアを出すのは得意だが、動かない部下へ

共感 されれる声かけ

いいアイデアだから実現させたいね

モヤッと される声かけ

アイデアはいいけど、動いてくれないと

一歩先の計画を立てる行動まで、
リーダーが補完する

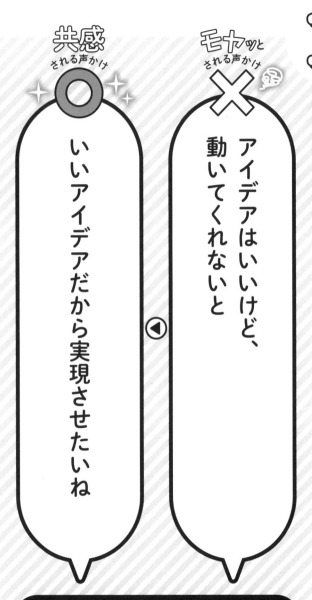

部下Cさんは会議でいいアイデアを出すのですが、なかなか実行に移してくれません。クリエイティブな能力が高く、ぽんぽんとアイデアが浮かんでくるタイプなのですが、計画して実行するのが苦手でした。

「アイデアを言うだけでは困る」と思ったリーダーAさんは、先日の会議でCさんに「アイデアはいいけど、動いてくれないと」と伝えます。

しかし、1週間が経過しても、Cさんは全く動く様子はありません。

どうすればよいのでしょうか。

このようなケースでは、Cさんがアイデアを出してきたとき、「いいアイデアだから実現させたいね。一緒に計画を立ててみようか」と**先の段階まで伴走する**のです。

おそらくCさんも、アイデアは実現させたいはず。ただ計画が苦手だから何も進められないだけなのです。

誰しも強みも弱みもあります。チームが機能するのは各々の得意な部分が違うからです。よって**計画を立てるという一歩先の行動まで、リーダーが補完すればいい**わけです。

そう言うと「ずっと伴走しなければならないの？」と思う方もいらっしゃるでしょう。

しかし、その必要はありません。計画を立てるのは食わず嫌いなだけで、慣れれば1人でできますから。

第7章

部下別の対応方法

高度経済成長時代、日本人の多くは同じテレビ番組を観て、同じヒーローに憧れて育ってきました。働き方としては、新卒で採用されてから定年まで働くのが主でした。

しかし、終身雇用制度や年功序列制度が崩壊したことで、雇用の流動化が促進されました。そこで生まれたのが、年下上司と年

上部下の対立という構図です。

特に日本は縦の社会が強いため、そこに違和感を覚える人も多いのが実情です。年上部下との関係構築の方法は、よく管理職向けの講演のテーマにもなります。

加えて、２０２０年に発生したコロナ禍により、入社した当初からリモートワークという、今まででは考えられないような働き方をしているメンバーもいます。

本章では、そのような部下に対して、どのようにコミュニケーションを取ったらいいのかをお伝えしていきます。

また、専門性の多様化により、若手メンバーがリーダーより知識が豊富であるといったケースも少なくありません。

さらに、個性的で今まで叱られたことのない部下も存在します。

そのような若手メンバーや部下に対し、リーダーはどう振る舞えばいいか、本章では、令和時代に実際に現場で起こっている事例をいくつか用いながら、解説していきます。

1

入社してからずっとリモートの若手部下へ

モヤッとされる声かけ ×

時間の使い方が悪いんじゃないか

共感される声かけ ○

そうか。
実際何に一番時間を使っている？

リーダーから積極的に
仕事に関する悩みがないか訊く

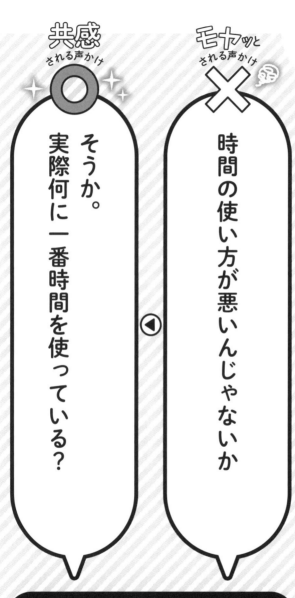

入社2年目のCさん。会社への出勤は週1回で、他はすべてリモートという就業形態をとっています。リモートの日は夜22時などにもメールが来ます。頑張っているのはわかるのですが、報告書などの提出が期限に遅れることも増えています。

あるとき、リーダーAさんがCさんに仕事を頼んだら、「今、E社とF社に出す提案書で手一杯です。明後日まででしたらできるんですが」と断ってきました。Aさんとしては、どうしても明日までにやってほしい仕事です。

Aさんはつい「オレが若い頃は断るなんてなかったぞ」と思い、「何、そんな甘いこと言ってるんだ。時間の使い方が悪いんじゃないか」と声を荒らげてしまいました。

確かに、Cさんは要領がよいとは言えない状態でした。

実はCさん、入社以来ずっとリモートワークが中心で、先輩の仕事の様子を見て覚えるということができなかったのです。出社すれば先輩と雑談をしたりしながら人間関係を構築でき、質問もしやすいでしょう。しかし**普段からコミュニケーションをとっていないと質問もしづらいもの**です。

そこで、**リーダーから積極的に仕事に関する悩みがないか訊いていく必要があります。**

ここでは部下に「何に時間を使っている?」と一番時間がかかっていることを質問して、一緒に解決していくように心がけていきましょう。

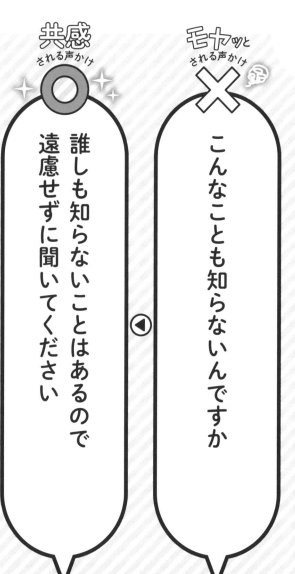

2

基礎的な知識が抜けていることがわかった年上部下へ

モヤッとされる声かけ ×

こんなことも知らないんですか

◀

共感される声かけ ○

誰しも知らないことはあるので遠慮せずに聞いてください

質問をしやすい雰囲気をつくり、心理的安全性を確保するリーダーAさんのチームに、同業他社から転職してきた年上のCさんが配属されました。配属されてから1ヵ月。仕事を頼んでも他のメンバーより時間がかかります。

最初は慣れていないだけかと思いきや、どうもCさんはエクセルやパワーポイントの知識が欠けていることがわかりました。また商品知識も思っているほどではないようです。

最初は我慢していたAさんですが、つい大きな声を出してしまいました。

上司「こんなことも知らないんですか。前の会社では資料作りはやってなかったんですか」

部下「すみません……」

それ以来、CさんはAさんの顔色ばかり窺うようになりました。当然、営業成績も上がりません。そんなCさんにAさんは詰め寄るようになりましたが、返ってくるのは「すみません」という回答ばかり。このようなケースでは、どうしたらよいのでしょうか。

この場合は、**まずは質問をしやすい雰囲気をつくることが大切**です。ある程度社会人経験のある部下なのだから、質問くらいできるだろうと思う方もいらっしゃるでしょう。

しかし、ここに落とし穴があります。「こんな簡単なことを聞いたら評価を下げられるのではないか」と**心理的不安を感じている中堅以上の異動組や転職組は少なくない**のです。したがって、「誰しも知らないことはあるので、遠慮せずに聞いてください」と**心理的安全性を確保する必要があります**。

3

役職定年で異動してきたシニア部下へ

モヤッとされる声かけ ×

ここでは私の言うことに
従ってもらいますよ

共感される声かけ ○

色々アドバイスをお願いします

相談役に据えてシニア部下の
承認欲求を満たす

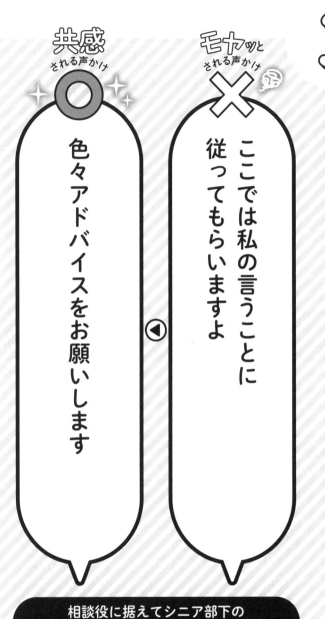

かつて伝説の営業マンと社内で言われていたCさんが役職定年になり、リーダーAさんの部署に異動してきました。Cさんは支店長にまでなった営業成績抜群の方ですが、主張が強く意見を譲らないタイプです。

Aさんは、Cさんが自分の部下として異動してくることを知った際、「参ったな。他の部署でお願いできませんか」と言ったほどです。

まず、異動してくるなり、Aさんは威厳を示そうと「ここでは私の言うことに従ってもらいますよ」と伝えます。それに対して、Cさんは「はいはい」と聞き流します。やれやれと思った矢先、会議で早速問題が起こります。

Aさんの指示に対して「それ甘くないですか」「そんな簡単にできるものじゃないと思いますが」と突いてきます。すると必然的にチームの雰囲気は悪くなります。それどころか、一部のメンバーはCさんにばかり相談しているようです。

この場合、どうすればよかったのでしょうか。

Cさんは社内で影響力のある人物で経験もある。ならば「色々アドバイスをお願いします」と**相談役に据えればよかった**のです。Cさんの承認欲求も満たされたでしょう。

人は誰しも多かれ少なかれ承認欲求を持っています。特に**シニア部下の中には、自分はまだ役職者だという意識が抜けていない人も多いもの。だからこそ承認が必要**なのです。

4

ミスの多い部下へ

共感
されるかけ

〇

何か悩み抱えていない？

モヤッと
される声かけ

✕

緊張感を持ってやれよ

集中力を削ぎミスの要因となる
疲労・悩みを取り除く

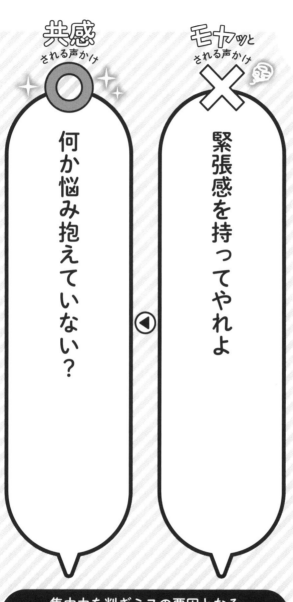

ミスの多い部下に対して、気を引き締めてもらおうと「緊張感を持ってやれよ」などと声をかけてしまいがちです。しかし、こういった声かけはたいてい逆効果になります。**ミスをしないようにとの意識が強くなればなるほど、ミスが発生しやすくなるから**です。

子どもの頃、紅茶を自室に持っていく際に「こぼすなよ」と声をかけられたら、逆にこぼしてしまった、なんて経験をお持ちの方もいるのではないでしょうか。

「緊張感を持って」という言葉は、かえって緊張を呼んでしまうこともあります。そもそも具体的行動に移すのも難しいものです。

ならば、指差喚呼や二重チェックをするように、伝えるしかないでしょう。

実は**ミスが多い人の要因は、集中できていないことにあります。集中できないというのは「疲労」「悩み」が要因であることがほとんど**です。

その「疲労」の要因をさらに掘り下げると、「長時間労働」「休憩を取らないぶっ続けの作業」が考えられます。

したがって、**まずは「適度に休憩を取るように」と伝える**ようにしましょう。

それでもミスが起こるとすると、何か仕事のことか、あるいはそれ以外で、悩みを抱えている可能性があります。

「何か悩み抱えていない?」「俺でよければ聞くよ」などと言うのもいいでしょう。

5

プライドの高い部下へ

モヤッとされる声かけ ×

いつも結果を出してくれて
助かってるよ

共感される声かけ ○

どうしたらそんな高い受注率を
上げられるの

**プライドの高い部下には
褒め言葉より教えを請う**

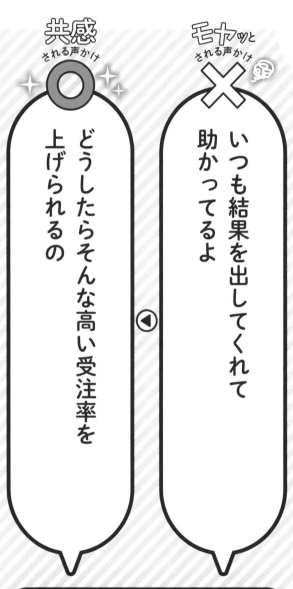

リーダーにとってコンスタントに結果を出してくれる部下はありがたい存在です。

結果を出して当たり前だと思うのではなく、「いつも結果を出してくれて助かっているよ」と**感謝の気持ちを常に示したいもの**です。

確かに、こうすることでリーダーに好感を持ってくれる部下もいます。

しかし、結果を出し続けているメンバーの中には、「仕事で結果を出すのは当たり前。いちいち褒められると、リーダーが自分に媚びを売っているように感じる」という、高いプライドや志を持っている人もいます。

他にも「Cさん、さすがだね」「すごいね」などと称賛されることも、媚を売られているように感じ、嫌がる人もいます。

ならば、どうしたらよいのでしょうか。

ここでいいのが、教えを請うことです。「教えてください」と言われて嫌がる人はいないでしょう。

たとえば、営業マンで提案後の受注率が高い部下に対しては、「どうしたらそんな高い受注率を上げられるの。よかったら教えてくれないか」と教えを請うといいでしょう。

プライドの高い部下、志の高い部下の場合、**褒め言葉よりも教えを請う方が、モチベーションも上がり、距離も縮まります。**

6 常識外れの部下へ

モヤッとされる声かけ ×

そんなの常識だろ

共感される声かけ ○

そう思うんだね。理由を聞かせてもらっていいかな

常識には人それぞれ違いがあることを認識し、歩み寄る

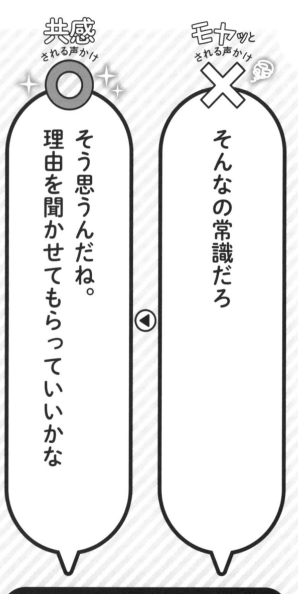

リーダーAさんは、部下Cさんがいつも待ち合わせの時間ギリギリに来ることを気にしていました。自分は絶対に上司より早く待ち合わせ場所に到着していたからです。

ちなみにAさんは10分前に必ず行くタイプです。

しびれを切らしたAさんは「待ち合わせは上司より早く来るのが常識だろう」と言います。Cさんは黙ってしまいます。

「常識とは、18歳までに仕入れたもろもろの先入観のコレクションである」（アルバート・アインシュタイン）という名言があるように、**常識には人それぞれ違いがあります。**

特に昨今は個性が重視されているので、以前の常識が全く通用しなくなっています。

たとえば、少し前までは「欠勤の連絡は必ず電話でするべき」というのが定説でした。

しかし、今ではメールや社内チャットでも咎めないところが多くなりました。

また「そんなの常識だろ」というのは押しつけです。この言い方で守らせようとすると、部下は「リーダーには話してもダメだ、強引に物事を進める人だ」という印象を持ちます。相談に来ることも減るかもしれません。

それに対して令和型のリーダーは、「そう思うんだね。理由を聞かせてもらっていいかな」と歩み寄りを見せます。

この**歩み寄りにより部下は「この人は対話をしてくれる」と信頼するようになる**のです。

7

結果を出していない若手メンバーへ

モヤッとされる声かけ

×

結果を出してから言おう

◀

共感される声かけ

○

どんどんアイデア出して！
助かるよ

経験が浅いメンバーのアイデアも
積極的に募る

ビジネスにおいて、結果を出すことは重要です。特に数字などで業績が目に見えやすい部門では、意見を述べるメンバーは必然的に結果を出している人が中心になります。**結果を出していないと意見は言いにくいもの**です。

確かに結果を出すことは重要です。しかし実は、この**結果を出している人だけが意見を言える状態には、マイナス面もあります**。

意見を言える人が一定の人に限られ、内容が偏ってしまいがちだということです。

経験がない人の意見が参考になる場合は結構あります。特に変化のスピードが激しく先行きが読めない時代です。**今までの経験が偏見になり、邪魔することもある**のです。

リーダーAさんのチームは最近、アイデアが凝り固まっていました。

「結果を出してから言おう」とAさんが常に言っていたからです。

一方、隣のリーダーBさんのチームは活気があります。新人や転職したてのメンバーが活発に意見を出しています。

「どんどんアイデア出して！ 助かるよ」とBさんが常に言っていたからです。

一定の役職者や成績を出している人だけがアイデアを出すチームと、メンバー全員がアイデアを出すチーム。これからの時代に通用するのがどちらかは、自明なのではないでしょうか。

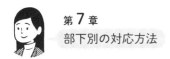

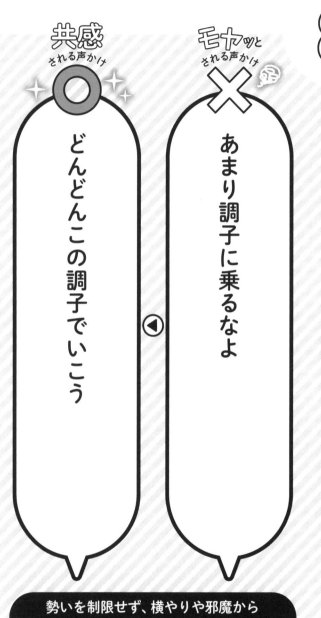

8 業績を上げてノリに乗っている部下へ

モヤッとされる声かけ ×

あまり調子に乗るなよ

共感される声かけ ○

どんどんこの調子でいこう

勢いを制限せず、横やりや邪魔から守ってあげる大口顧客との契約を締結し、乗りに乗っている部下Cさんに、リーダーAさんは「あまり調子に乗るなよ」と苦言を呈します。好調はそんなに長く続くものではないからです。

確かに、Aさんの考えには一理あります。

しかし、好調ならそのままにしておいていいでしょう。「調子に乗るなよ」と言われたところで、どう行動すればいいかわからないですし、モチベーションも低下します。

むしろこの場合、**「どんどんこの調子で行こう」と乗せていったほうがいい**でしょう。勢いを制限する必要はありません。

それよりも**リーダーは、勢いがあるメンバーに対する横やりや邪魔から守ってあげる必要があります**。「出る杭は打たれる」ではありませんが、今まで私はたくさんの会社で、好調な若手メンバーに横やりが入り、失速してしまう残念な姿を見てきました。

業績のよいメンバーは、仕事しづらい環境になると「この組織では成長できない」と流出していくことが多いものです。

もちろん、今は調子が良くてもこの先、失敗することはあるでしょう。

しかしその場合は、失敗したときにまた新たな学びを得ればいいのです。

油断してサボり始めたのならば別ですが、**勢いに水を差してモチベーションを下げる必要もない**でしょう。

9

異動したてで、部下からの質問に答えられない場合

モヤッとされる声かけ ✕

それは私の業務ではないから

共感される声かけ ○

調べてみるよ

プレイヤーの仕事を
知ろうとする姿勢を示す

ある会社に中途採用で2人のリーダーが入ってきました。お互いにチームを統括するマネジャーです。2人とも異業種からの転職で、チームメンバーの仕事に対し、細かい知識を持ち合わせているわけではありませんでした。

このAさんとBさん、年齢もマネジメントの経験年数もほぼ一緒でした。ところがスタンスが正反対でした。

Aさんはマネジメントが自分の仕事と区切っており、プレイヤーである部下の仕事には入っていかない考えでした。部下から質問が来ても「それは私の業務ではないから自分で考えて」が口ぐせでした。

一方のBさんは、プレイヤーとリーダーの仕事は違うという認識を持ちながらも、部下の仕事の全体像、基礎的な知識を勉強し始めました。もちろん、部下と勝負しようとするなんてことはありません。部下からの質問にも、「調べてみるよ」と答え、1on1ミーティングでは部下から知識を得ようとしました。

半年後、評価は見事に分かれます。Aさんは「あの人の存在は？」と煙たがられ、Bさんは、皆から頼られ信頼される存在になりました。

リーダーはプレイヤーの仕事のすべてを知る必要はありませんが、知ろうとする姿勢は示しましょう。

おわりに

最後までお読みいただき、ありがとうございました。

「ちょっと声かけを変えるだけでこんなに部下への伝わり方が変わるのか」と思っていただけたのではないでしょうか。

ぜひ今日から本書の内容を実践し、部下に対して資産になる言葉を使っていきましょう。

最初はうまく伝えられないこともあるかもしれませんが、1日1回でも声かけを気にするようにしてみましょう。

なお、最初からいきなり複数のことに取り組もうとすると挫折してしまいがちです。まずは1つだけ、実践しやすいところから始めてください。

私はよく「1日1ミリの成長を目指しましょう」という言葉を使っています。1ミリという小さな単位から始めれば継続しやすいからです。

大事なのは続けることです。

そのためには、失敗しても工夫・チャレンジすることを諦めないことです。

どうしても挫折しそうになったら、本書に戻ってNGワードを読みながら笑ってください。実はNGワードの多くは、かつて吉田が失敗した事例をもとに作られています。

たいていは「こんな失敗に比べたら私の失敗なんて」と思えてくるはずです。


そして本書をボロボロになるまでご活用ください。

その結果として、皆様と部下との関係が良好になり、部下やチームが成長していけば、著者にとってこれ以上の喜びはありません。


現在は先行き不透明で、不安を感じている方も多いかもしれません。

しかし、よい言葉によって皆様の仕事や日常生活の一部に光の輝きが生まれ、それがどんどん広がっていけば、部下やその周囲の人は明るく元気になります。

結果、世の中が明るくなり、好循環のスパイラルが起きて、日本中が平和で明るくなることは間違いないでしょう。

よい言葉は皆様の人生を、日本中を明るくするための1つのスキルです。

よい言葉を磨いていくことで、私のミッションである「ハラスメントを撲滅する」「楽しく仕事ができるリーダーを増やす」「リーダーって楽しいと思う人が増える」ことにもつながるかなと思っています。

偉そうなことを申していますが、私もまだまだ発展途上です。
もっとよい言葉を探して使っていく必要があると感じています。一緒に言葉を磨いていきましょう。

研修やコンサルティングを継続していただいている方々からは「部下が変わってくれました」「勇気を出して叱ってみたけど、全然ハラスメントにはなりませんでした」「叱ると怒るを混同していました」「最近、リーダーの仕事にやりがいが出てきました」なんて声もいただいていますが、次は皆様の番です。

そして、「部下が行動を改善してくれた」「こんな言葉を使ったらチームの雰囲気がよくなった」「リーダーの仕事にやりがいができた」「さらに昇格した」などの成功体験があれば、ぜひホームページ（https://yukihiro-yoshida.com）へお送りください。

また、本書をお読みいただけましたら、「#吉田幸弘」「#共感されるリーダーの声かけ」などのハッシュタグをつけて、Facebook や Twitter、Instagram などのＳＮＳに投稿いただければ幸いです。皆様の喜びの声をお待ちしております。

なお、本書の執筆に当たっては、たくさんの方々にお世話になりました。協力いただきました方々へのお礼をお伝えしたいと思います。

特に、企画の立案から校正に至るまで的確なアドバイスをいただきました、ぱる出版の岩川実加様には大変お世話になりました。心より御礼申し上げます。

他にも講演や研修を依頼してくださる方々、セミナーを受講していただいている方々、日々の活動を応援いただいている方々にも心より御礼申し上げます。

それでは皆様とどこかでお会いしてコミュニケーションができる時を楽しみに、筆を置きたいと思います。

２０２３年５月吉日

吉田幸弘

吉田幸弘（よしだ・ゆきひろ）

リフレッシュコミュニケーションズ代表
コミュニケーションデザイナー・人材育成コンサルタント・リーダー向けコーチ

成城大学卒業後、大手旅行会社を経て学校法人へ転職。１年間で70件以上の新規開拓をし、広報リーダーになるも、「怒ってばかりの不器用なコミュニケーション」でチームをガタガタにしてしまう。その結果、職場を去らなければならない羽目になり、外資系専門商社に転職。転職後も、周囲のメンバーとうまくコミュニケーションが取れず、降格人事を経験し、クビ寸前の状態になる。その後、異動先で出会った上司より「伝え方」の大切さを教わり、ポイントを絞ってわかりやすく伝える方法を駆使し、営業成績を劇的に改善。５か月連続営業成績トップになり、マネジャーに再昇格。コーチングの手法を用いた「部下を承認するマネジメント」及び中国古典をベースにした「ストレス耐性力アップ術」により、離職率をそれまでの10分の１にし、売上も前年比20%増を続け、３年連続MVPに選ばれる。そして、社外でもコンサルタントとして活動し、クライアント数が増えてきたため、2011年1月に独立。

現在は経営者・中間管理職向けに、人材育成、チームビルディング、売上改善の方法を中心としたコンサルティング活動を行い、累計受講者数は３万人を超える。「管理職研修」をはじめ、「営業力アップセミナー」「褒め方・叱り方・伝え方をベースにしたコミュニケーションセミナー」「モチベーションアップセミナー」「アンガーマネジメントの理論をベースにした感情マネジメントセミナー」「リーダーの総合力をアップするリーダー塾」などを主催。

著書に、ロングセラーとなっている『リーダーの一流、二流、三流』（明日香出版社）などがある。


共感《きょうかん》されるリーダーの声《こえ》かけ　言《い》い換《か》え図鑑《ずかん》

2023年７月５日　初版発行
2024年11月12日　５刷発行

著者　吉田幸弘
発行者　和田智明
発行所　株式会社 ぱる出版

〒160-0011　東京都新宿区若葉１-９-16
03（3353）2835－代表　03（3353）2826－FAX
03（3353）3679－編集
振替　東京　00100-3-131586
印刷・製本　中央精版印刷（株）

ISBN978-4-8272-1402-4　C0034